Pelouses écologiques

et autres couvre-sols

Dédicace :

À Antoine, Florence, Marie, Vincent, Gabrielle, Alexandra et Charles. Ils me motivent à créer un monde meilleur pour demain.

Cette sensibilité nouvelle à la protection de l'environnement est un signe extrêmement encourageant pour l'avenir. Reste à la convertir en actions concrètes.

Hubert Reeves, *Mal de terre,* 2003.

ÉDITH SMEESTERS

Pelouses écologiques

et autres couvre-sols

97-B, Montée des Bouleaux, Saint-Constant, Qc, Canada J5A 1A9,
Tél. : (450) 638-3338 Téléc. : (450) 638-4338
Internet : http ://www.broquet.qc.ca
Courriel : info@broquet.qc.ca

Catalogage avant publication de Bibliothèque
et Archives nationales du Québec et Bibliothèque et Archives Canada

Smeesters, Édith

Pelouses écologiques et autres couvre-sols

Publ. antérieurement sous le titre: Pelouses et couvre-sols. c2000.

Comprend des réf. bibliogr.

ISBN 978-2-89000-958-5

1. Pelouses - Entretien. 2. Plantes couvre-sol. 3. Jardinage biologique. I. Titre. II. Titre: Pelouses et couvre-sols.

SB433.S63 2008 635.9'64784 C2007-942321-3

Pour l'aide à la réalisation de son programme éditorial, l'éditeur remercie:
Le Gouvernement du Canada par l'entremise du Programme d'Aide au développement de l'industrie de l'édition (PAIDÉ); La Société de développement des entreprises culllturelles (SODEC); L'association pour l'exportation du livre Canadien (AELC).
Le Gouvernement du Québec - Programme de crédit d'impôt pour l'édition de livres - Gestion SODEC.

Dépôt légal - Bibliothèque nationale du Québec
1er trimestre 2008

Éditeur **Antoine Broquet**
Directrice artistique **Brigit Levesque**
Révision **Diane Martin, Marcel Broquet**
Crédits photos: **toutes les photos sont de l'auteure sauf indication contraire**

ISBN: 978-2-89000-958-5

Imprimé en Malaisie

TABLE DES MATIÈRES

REMERCIEMENTS

Cette deuxième édition du livre *Pelouses et couvre-sols* doit toujours beaucoup à des pionniers en horticulture écologique comme Alain de Guise, André Pedneault et Michel Renaud, qui avaient contribué à la première édition. Depuis lors, mon expérience a été enrichie grâce à d'autres spécialistes comme Jacques Bougie, horticulteur, Paul Maloney et Anthony Daniel, entomologistes.

Mais je tiens surtout à remercier **Larry Hodgson,** chroniqueur horticole très connu au Québec, qui a bien voulu préfacer cette nouvelle version, ainsi que les personnes qui l'ont relue et commentée avec leur expérience : **Marie-Claude Blanchette,** biologiste et chargée de projets en environnement à la ville de Saint-Bruno-de-Montarville ; **Anne-Marie Goulet,** biologiste et coordonnatrice adjointe à l'environnement pour la MRC de La Jemmerais ; **Lili Michaud,** agronome; **Marie-Josée Perron,** consultante en environnement; **Lova Ramanitrarivo,** chargée de projets chez Équiterre et mes deux correspondants français : **François Veillerette,** du Mouvement pour les droits et le respect des générations futures (MDRGF), et **Nicolas Preborski,** agro-biologiste.

Je ne peux passer sous silence la contribution d'**André Boisclair,** ministre de l'Environnement du Québec de 2001 à 2003. C'est grâce à sa détermination que nous avons obtenu un Code de gestion des pesticides au Québec, ce qui a provoqué un véritable bouleversement en horticulture depuis avril 2003 et qui a valu tant de changements depuis ma première édition.

Finalement, je veux remercier **Antoine Broquet,** qui a accepté avec enthousiasme de refaire complètement mon premier livre avec **Brigit Lévesque,** une graphiste talentueuse. Merci aussi à **Francine Brassard, Diane Martin et Marcel Broquet** qui ont fait la révision, et à **Christian Smeesters,** un lecteur méticuleux et un mari très patient avec une femme aux multiples idées !

PRÉFACE

Je me souviens des belles pelouses de mon enfance, dans les années cinquante, avec leurs graminées et trèfles mélangés, où l'on pouvait se rouler et courir en toute tranquillité. Je me rappelle également que je plaçais les cages de mes lapins sur la pelouse, là où le trèfle était le plus dense, car ils adoraient ça. On n'utilisait pas encore d'herbicides sur les gazons privés et l'engrais de base était… le fumier de cheval ! Ainsi, même en banlieue, on avait une touche de nature à notre portée.

Mais les choses ont rapidement changé. Dès les années soixante, les herbicides ont fait leur apparition et le trèfle, pourtant considéré comme une excellente plante de gazon auparavant, à été tout à coup banni des pelouses modernes. Une publicité bien orchestrée nous encourageait à régler tous nos problèmes de gazon avec des produits chimiques, comme des herbicides sélectifs qui tuaient toutes les plantes à feuilles larges, incluant le trèfle. Celui-ci devait donc être une mauvaise herbe, n'est-ce pas ? Herbicides, insecticides et autres produits chimiques ont envahi nos espaces verts. Les enfants ne pouvaient plus jouer sur le gazon et il n'était pas plus recommandé d'y laisser paître des animaux. La pelouse était devenue un milieu stérile et artificiel qu'on admirait, mais où l'on n'osait plus mettre le pied. Curieusement, la pelouse « moderne » n'était pas plus belle que la pelouse de mon enfance. Elle était même moins verte et plus sensible aux insectes. Peu importe ! Il suffisait d'appliquer encore plus de produits chimiques pour régler le problème !

Telle était la situation quand la première édition de ce livre a été publiée, en 2000… mais les choses commencent à changer depuis quelques années grâce, en bonne partie, aux efforts de l'auteure pour conscientiser les gens sur les effets désastreux de ces « pelouses chimiques ». Ses interventions auprès du gouvernement du Québec ont mené au bannissement d'une bonne partie des produits nocifs qui faisaient de nos gazons des milieux toxiques. Ailleurs dans le monde, des villes passent des lois semblables. Pas partout, d'accord, mais graduellement les gens se réveillent. Les graines de trèfle blanc se vendent de nouveau à merveille, côte à côte avec les semences à gazon, et le célèbre pissenlit, longtemps la hantise des jardiniers perfectionnistes, devient peu à peu le signe d'un propriétaire respectueux de l'environnement.

Pour mener à bien ce retour à la pelouse écologique, quoi de mieux que ce livre, entièrement révisé et mis à jour avec les derniers renseignements sur l'établissement et l'entretien d'une pelouse saine ? Vous y apprendrez comment avoir un beau gazon vert (et peut-être un peu fleuri aussi !) sans utiliser de produits toxiques, sans polluer le cours d'eau voisin, sans bouleverser l'équilibre naturel. Vous y trouverez aussi des idées pour remplacer la pelouse par un autre type d'aménagement plus résistant ou plus simple pour les endroits difficiles à entretenir.

C'est un livre que non seulement vous apprécierez, mais que vous voudrez partager avec tous vos voisins.

Bonne lecture !
Larry Hodgson

INTRODUCTION

Cette deuxième édition du livre *Pelouses et couvre-sols* a été enrichie après huit ans de connaissances nouvelles en horticulture écologique et a été actualisée par rapport au contexte, tant au Québec que dans d'autres pays occidentaux où la tendance aux pelouses impeccables se répandait depuis quelques années.

Lorsque la première édition est sortie au Québec, en mars 2000, nous étions soumis depuis quelques décennies à un marketing très agressif en faveur de pelouses parfaites, comme dans toute l'Amérique du Nord d'ailleurs. Comme on le sait, ce type de pelouse requiert généralement l'application régulière de produits chimiques dont les effets sur la santé et l'environnement sont inquiétants. Par ailleurs, cette surface exigeante consomme beaucoup d'eau, produit des tonnes de déchets verts, réclame beaucoup de soins et d'énergie et constitue un milieu très pauvre sur le plan écologique. Malgré tout cela, l'industrie arrive à convaincre les gens que leur bonheur dépend de l'uniformité de leur pelouse et que les fleurs sauvages sont des parias. Au Québec, avant 2003, des camions-citernes appliquaient un mélange standard de pesticides et d'engrais chimiques, quelle que soit la problématique et sans aucune protection, ni pour les citoyens ni pour les professionnels.

Pour lutter contre ce phénomène, j'avais créé, avec quelques amis, un organisme environnemental régional en 1986 (Nature-Action Québec) et puis un autre à l'échelle du Québec en 1999 (La Coalition pour les alternatives aux pesticides). La sortie du livre *Pelouses et couvre-sols* en 2000, suivie d'une vidéocassette et de la distribution de 25 000 copies d'une trousse d'action « Sans pesticides naturellement » durant les années suivantes, ont mobilisé assez de personnes au Québec pour que le ministre de l'Environnement s'intéresse à cette problématique et mette une commission parlementaire sur pied en 2001. Grâce à une concertation extraordinaire entre les écologistes de tout le Québec, les personnes hypersensibles aux produits chimiques, la Santé publique et le ministère de l'Environnement, nous sommes arrivés à obtenir un règlement provincial (le Code de gestion des pesticides) interdisant les 20 produits les plus suspects (sur le plan de la cancérogénicité) sur les pelouses publiques et parapubliques en 2003 et sur les pelouses privées en 2006. L'industrie horticole a poussé des hauts cris et certains ont même prédit qu'on allait perdre nos beaux aménagements paysagers au Québec, mais les espaces verts sont toujours là... quoique un peu plus fleuris au printemps !

Depuis le printemps 2003, les pelouses du Québec sont sans doute un peu plus fleuries au printemps!

Cependant, il y a encore beaucoup de travail de sensibilisation à faire, car nombreux sont ceux qui essayent toujours d'obtenir ces pelouses qui ressemblent à des terrains de golf, à grand renfort d'engrais, d'eau et parfois même de pesticides prohibés!

De son côté, la belle Europe a commencé à traiter la plupart des espaces publics aux herbicides sélectifs, alors que je la citais toujours en exemple pour ses pelouses naturelles! J'ai donc voulu que cette nouvelle édition soit plus internationale afin que l'on dispose partout des informations nécessaires pour obtenir de belles pelouses sans produits chimiques, pour que les citoyens puissent influencer les décisions de leurs élus et que cela devienne un levier pour modifier éventuellement les pratiques agricoles. En effet, nous ne pouvons pas exiger que les agriculteurs changent si nous ne supprimons pas les produits polluants dans nos parcs et nos jardins! Tous les changements de société ont commencé par des changements individuels, ne l'oublions pas. Alors, montrons l'exemple, faisons preuve d'initiative et d'originalité et laissons la fantaisie envahir notre gazon et notre vie!

CHAPITRE 1

PETITE HISTOIRE **DE LA PELOUSE**

Obtenir une belle pelouse sans produits chimiques, ce n'est pas difficile, mais cela demande du temps et de l'argent. Mais pourquoi a-t-on besoin de pelouses uniformes ? Est-ce que par hasard les fleurs sauvages seraient des saletés ? D'ailleurs, d'où nous vient donc cette idée de semer du gazon partout et d'en faire un élément clé de l'aménagement paysager ? Il y a bien sûr des raisons esthétiques et pratiques. Nul ne peut nier la beauté d'une pelouse qui souligne les parterres de fleurs et les autres éléments de l'aménagement paysager. C'est une surface qui est

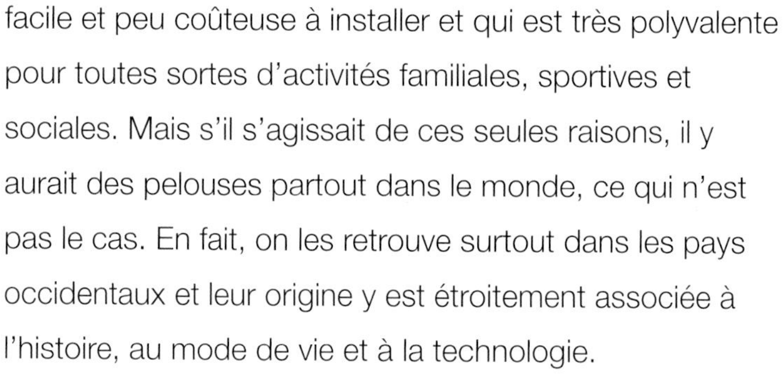

facile et peu coûteuse à installer et qui est très polyvalente pour toutes sortes d'activités familiales, sportives et sociales. Mais s'il s'agissait de ces seules raisons, il y aurait des pelouses partout dans le monde, ce qui n'est pas le cas. En fait, on les retrouve surtout dans les pays occidentaux et leur origine y est étroitement associée à l'histoire, au mode de vie et à la technologie.

ORIGINE DE LA PELOUSE

La pelouse « parfaite » est un concept assez récent qui a vu le jour après la Deuxième Guerre mondiale, avec l'introduction massive des pesticides et des engrais chimiques sur le marché. Grâce à ces produits miracles, les « mauvaises herbes » et les « ravageurs » peuvent être éliminés instantanément. Quelle merveille ! La pelouse immaculée devient

Puisque ce genre de « perfection » est techniquement possible, cela devient l'objectif à atteindre pour plusieurs personnes.

Ce sont des prairies verdoyantes comme celle-ci qui ont inspiré les paysagistes anglais du XVIIIe siècle.

accessible à tous, alors qu'elle était autrefois réservée aux riches.

Mais que de chemin parcouru avant d'en arriver là ! Il semble que l'origine de la pelouse soit liée aux pâturages luxuriants qui prospèrent dans des régions d'Europe où la pluie tombe en abondance, comme en Grande-Bretagne et dans les pays voisins au climat maritime tempéré. Ces grands espaces verts, tondus par le bétail, ont séduit l'imagination des artistes peintres et des concepteurs de paysages et se sont répandus plus que tout autre aménagement.

Lorsqu'on remonte l'histoire, le gazon est plutôt absent pendant des siècles et tout l'espace disponible autour des maisons est consacré essentiellement aux plantes potagères ou médicinales au Moyen Âge. Mais autour des villages et des châteaux forts, on déboise souvent un espace tampon pour voir arriver l'ennemi et faire paître les animaux. À cette époque, on mentionne dans la littérature des espaces d'agrément, situés à l'intérieur de l'enceinte des châteaux, où la végétation est maintenue basse par le piétinement et où se mêlent probablement toutes les espèces capables de résister à un tel traitement : achillées, potentilles, pissenlits... C'est le « mille-fleurs » que l'on peut voir sur certaines tapisseries de l'époque, où les seigneurs

Les jardins du château de Villandry sont un exemple typique des aménagements français aux formes géométriques.

Le jardin anglais se rapproche davantage de la nature, avec de grandes pelouses qui se fondent dans le paysage alentour.

vont sans doute courtiser leur dame et où les enfants peuvent s'adonner à leurs jeux.

À la Renaissance, les noblesses italienne et puis française commencent à aménager de grands jardins géométriques, soigneusement entretenus autour de superbes châteaux. Il y a très peu de pelouses à l'origine, mais plutôt des parterres aux formes compliquées, bordées de buis et entrecoupées d'allées de gravier. Les jardins du château de Villandry, en France, en sont un exemple typique. Ces jardins sont l'image même de l'ordre et de la précision, ils contrastent avec la nature sauvage toute proche qui inspire la crainte et le mal. Souvenez-vous du *Petit Chaperon Rouge* et autres contes de l'époque : la forêt menaçante est le domaine du grand méchant loup, les marécages cachent des feux follets, les plantes sauvages sont souvent épineuses ou empoisonnées ! Que de dangers dans cette nature indomptée. L'aménagement de jardins aux lignes strictes reflète alors une sorte de victoire de l'homme sur la nature qu'il faut combattre pour survivre.

Pourtant, au XVIIIe siècle, les paysagistes anglais s'écartent du modèle français et se rapprochent davantage de la nature en créant des jardins plus romantiques avec de vastes perspectives, où de grandes prairies fauchées servent de lien entre l'aménagement et le paysage alentour, se perdant même à l'horizon si la grandeur du terrain le permet. C'est l'avènement du « gazon anglais » qui prospère très bien sous ce climat humide.

LA PELOUSE AMÉRICAINE

En colonisant le Nouveau Monde, les immigrants sont bien loin de se soucier d'aménagement paysager, ils doivent plutôt défricher de grandes superficies pour survivre. Les pâturages naturels sont rares et de mauvaise qualité pour le bétail. On importe donc des semences de graminées et de trèfle qui se répandent rapidement dans la campagne américaine. Mais ces paysages bucoliques restent pendant longtemps propres à la vie rurale. Les maisons des villes, collées les unes contre les autres tout près de la rue, font peu de place à la nature et, dans les parcs urbains, c'est de la terre battue qui accueille les rassemblements populaires.

Ce sont des personnages aussi célèbres que Thomas Jefferson et Georges Washington qui ont été les premiers à aménager de vastes pelouses autour de leurs propriétés de Monticello et Mount Vernon, à l'image des grands manoirs anglais nichés dans leur écrin de verdure. Mais à cette époque, les pelouses ne sont évidemment pas la norme, car il faut faucher le gazon à la main ou y laisser paître des animaux, ce qui n'est pas possible en ville. La pelouse reste l'apanage des nantis, qui disposent de main-d'œuvre et de bétail. Ce n'est qu'en 1833 qu'un Anglais, du nom de Edwin Budding, invente la tondeuse à gazon et que la pelouse devient plus accessible. Budding affirmait que les utilisateurs de son invention y trouveraient du plaisir, ainsi qu'un exercice sain et utile. Il ne se doutait sûrement pas, à ce moment-là, que cela deviendrait une corvée sociale pour un grand nombre de propriétaires!

La tondeuse à gazon traverse rapidement l'Atlantique et des paysagistes comme Davis et Downing se mettent à publier de nombreux livres sur le jardinage, où les pelouses occupent une très large place. Des pelouses qui deviennent un symbole de bien-être, puisqu'il faut être riche pour entretenir un espace aussi improductif, simplement pour le plaisir. Downing suggère bientôt de faire tomber les clôtures entre les maisons: il associe le cloisonnement des terrains à l'étroitesse d'esprit, alors que les grandes pelouses qui se continuent d'un terrain à l'autre donnent une impression d'espace et de liberté. Et c'est Frederick Law Olmsted, un architecte réputé qui a conçu les plans de plusieurs grands parcs en Amérique du Nord, qui consacre cet idéal en créant un concept pour la ville de Riverside, près de Chicago: il propose un développement domiciliaire aux rues sinueuses, où les maisons sont posées sur une vaste pelouse commune, sans obstacles, de façon à donner l'impression d'habiter sur une grande propriété. La pelouse devient l'élément unificateur entre les maisons et reflète bien l'esprit communautaire qui unissait les bâtisseurs de l'Amérique. Ce modèle va devenir rapidement la norme pour toutes les nouvelles banlieues américaines et plusieurs villes font passer des règlements de zonage de façon à conserver un espace vert d'au moins 25 pieds (soit environ 7 m 50) entre la rue et les maisons bien alignées.

Néanmoins, la coupe du gazon est une affaire d'hommes au XIXe siècle et, même avec une tondeuse mécanique, ils sont encore loin de la semaine de 40 heures et de la société des loisirs. C'est avec la révolution verte et l'amélioration de la technologie que la pelouse se démocratise. Elle évolue alors tranquillement vers une forme de perfection, grâce à la distribution de masse et à la puissance du marketing qui véhicule à peu près le message suivant : « Une belle pelouse doit avoir une texture uniforme, une couleur plus verte que celle du voisin et seules les graminées y ont droit de séjour. » Ceux qui ne suivent pas la norme sont considérés comme négligents et ceux qui laissent fleurir des pissenlits sont carrément des hors-la-loi !

Tout cela partait sûrement d'une bonne intention et, collectivement, nous avons applaudi tous ces merveilleux produits qui nous débarrassaient instantanément des ravageurs. N'avons-nous pas remis le prix Nobel à l'inventeur du DDT ? Mais la conscience écologique se réveille et ce sont des pionniers comme Rachel Carson, qui ont lancé les premiers cris d'alarme dans les années soixante.

UN STANDARD DE BEAUTÉ AMÉRICAIN

La pelouse revêt une importance particulière en Amérique du Nord, car les terrains de banlieue ne sont généralement pas clôturés en façade et toutes les maisons sont entourées du même tapis vert qui est exposé à tous les regards. En avant, la pelouse n'est plus seulement un élément décoratif, mais un objet de fierté et même de compétition entre voisins. C'est à qui aura le gazon le plus vert, le plus dense, le mieux tondu et le plus uniforme dans le quartier. La pelouse est perçue comme le reflet d'un certain statut social et gare à celui qui la néglige ou, pire, y laisse vagabonder des pissenlits !

Ces belles pelouses non clôturées sont très caractéristiques des banlieues américaines et elles séduisent d'ailleurs beaucoup les visiteurs étrangers. Ce tapis vert élargit virtuellement la rue elle-même et semble réunir tous les propriétaires d'une même rue sur un vaste terrain communautaire. Un tapis qui se déroule presque sans interruption, de Montréal à Los Angeles, devant de petites maisons coquettes ou de vastes villas, comme pour mettre tout le monde sur le même pied. C'est le triomphe de l'uniformité américaine d'un océan à l'autre, quels que soient le climat ou le type de sol.

Avec l'arrivée des pesticides et des engrais de synthèse, l'entretien se simplifie et la perfection un peu artificielle véhiculée par la publicité devient l'idéal à atteindre. La pelouse devient l'objet d'un labeur intense, exigé par une sorte de devoir civique. Il faut « faire son gazon » comme il faut faire son ménage ou payer ses taxes. Comme la pelouse fait partie d'un vaste espace vert commun à tout un quartier, chaque propriétaire devient co-responsable d'une image de bien-être que l'on veut obtenir dans toute la rue. Une pelouse mal entretenue donne une image misérable, comme le souligne Serge Bouchard avec un certain humour : « ... la défaite, l'abandon, le malheur, quand ce n'est pas une moralité douteuse, tout cela est lisible dans un gazon mal entretenu. [1] »

C'est pourquoi de nombreuses villes ont élaboré des règlements dans les années soixante et soixante-dix pour contrôler les écarts intempestifs de quelques rêveurs ou farfelus : le gazon ne pouvait pas dépasser 20 cm de haut et toute une liste de plantes sauvages étaient interdites de séjour. Une pelouse différente de la norme était donc, et est encore, un sujet de dispute entre voisins et parfois même de poursuites judiciaires.

Pour atteindre ces standards d'uniformité, on dépense des sommes considérables. Lors d'une exposition intitulée : « Surface du

En Amérique du Nord, les pelouses se rejoignent d'un terrain à l'autre en façade, offrant ainsi une image de continuité qui peut entraîner certaines frictions entre voisins.

quotidien : la pelouse en Amérique », qui se tenait au Centre canadien d'architecture à Montréal durant l'été 1998, on pouvait lire que « les Américains dépensent annuellement plus de 25 milliards en produits d'entretien ». On mentionnait également que « l'Amérique du Nord totalise environ 65 millions d'hectares de pelouses, soit plus que la superficie occupée par toute autre culture, y compris celle du blé, du maïs ou du tabac[2] ».

Il y a là un marché très lucratif qui a fait fleurir une multitude d'entreprises, lesquelles ont réussi à influencer la grande majorité des consommateurs en quelques décennies. Grâce à cette publicité, la pelouse est devenue un véritable culte à la fin du XXe siècle. Si vous n'avez pas le temps de vous en occuper vous-même, qu'à cela ne tienne ! Des entreprises vous offrent un mélange standard d'engrais et de pesticides, livré quatre fois par année par camion-citerne, quel que soit l'état de votre pelouse ou les problèmes qui se présentent. Ces services « personnalisés » vous sont souvent proposés en plein hiver, alors que la neige recouvre encore votre pelouse ! Cet espace qui devait être une source de loisir, de santé et de bien-être, empoisonne littéralement la vie des gens !

C'est dans ce contexte que des groupes de citoyens ont formé la Coalition pour les alternatives aux pesticides (CAP) en 1999 au Québec et ont obtenu un règlement provincial : le Code de gestion des pesticides du Québec, qui a été une première en Amérique du Nord et probablement dans le monde. Les choses ont commencé à changer dans la « belle province », mais pas dans le reste du Canada ni aux États-Unis, et le concept américain de propreté et d'uniformité a la vie très dure. Voilà pourquoi ce livre est encore nécessaire en 2008 !

Les terrains européens sont en général soigneusement clôturés en façade, à l'abri des regards et des critiques…

… et les pelouses, décorées de pâquerettes, se retrouvent plutôt à l'arrière des maisons.

Les pâquerettes (Bellis perennis), *si fréquentes sur les pelouses françaises, ne sont malheureusement pas rustiques, au Québec.*

LES PELOUSES EUROPÉENNES

Ailleurs dans le monde, on trouve des pelouses dans tous les pays de l'ancien Commonwealth et parfois ailleurs… devant les ambassades britanniques ! C'est ce que m'a raconté un étudiant du Mali ! En Europe, il y a des pelouses en Angleterre et dans les pays voisins, bien sûr, mais elles prennent beaucoup moins de place dans les aménagements paysagers qu'en Amérique du Nord, car les terrains sont généralement plus petits et les pelouses sont souvent confinées à l'arrière des maisons. À l'avant, on verra plutôt de petits jardins soigneusement clôturés, où prospèrent quelques arbustes ou rosiers. Parfois, il n'y aura qu'une allée pavée bordée de vivaces, alors que dans les pays méditerranéens, les matériaux inertes et les plantes résistantes à la sécheresse occupent

Mais où ont disparu les pâquerettes de l'abbaye de Fontenay qui agrémentaient les pelouses d'autrefois ?

une large place. Mais il est très difficile de décrire les aménagements des façades européennes en quelques lignes, tellement ils sont différents d'une région à l'autre.

Bien sûr, quelques jardiniers méticuleux traitent leur pelouse aux herbicides sélectifs, mais ce n'est pas une pratique généralisée. Par contre, les grands parcs publics, les grands domaines et les grandes artères gazonnées sont, depuis peu, traités à grands frais comme s'il s'agissait de terrains de golf ! Lors de mon dernier voyage en France, en 2005, j'ai vu des pelouses immaculées qui avaient remplacé les surfaces diversifiées dans un monastère en Bourgogne, et toutes les grandes artères parisiennes étaient aussi impeccables qu'une moquette. En Espagne, j'ai vu des pelouses luxuriantes en plein mois de juin au bord de la mer : elles étaient équipées d'un vaste système d'irrigation alors que sévissait la canicule et qu'il était interdit de marcher dessus !

Voilà que le gazon-tapis nord-américain commence à inonder l'Europe, tout comme les McDonald's, Pizza Hut et autres incontournables de la mondialisation.

Ne vous laissez pas faire, les Européens ! Conservez vos beaux gazons fleuris et vos paysages si caractéristiques à chaque région et… tellement moins polluants !

PRINCIPES DE BASE **POUR UNE PELOUSE ÉCOLOGIQUE**

Une belle pelouse est un élément important dans l'aménagement d'une propriété. Elle met la résidence en valeur et sert de lien entre toutes les autres plantations : arbres, arbustes et plates-bandes fleuries. La vue d'une pelouse rappelle la campagne et évoque la paix, la détente ou le loisir. Elle permet d'avoir un espace pour jouer, faire un pique-nique ou simplement s'asseoir. La pelouse est généralement la première chose qui sera installée après la construction de la maison, car elle supprime la poussière, la boue et l'érosion. C'est la touche finale qui encadre la maison, comme un écrin de verdure.

Malheureusement, beaucoup de pelouses résidentielles ont bien mauvaise mine ou doivent être soutenues en permanence par toute une panoplie de produits chimiques. Elles ont une fâcheuse tendance à jaunir durant les périodes de sécheresse et elles sont facilement envahies par des plantes indésirables. Pourquoi et que faire ?

En fait, la plupart des pelouses sont posées sur des sols ingrats et, sous nos latitudes, la majorité sont composées d'une seule espèce très exigeante : le pâturin des prés. Cette plante a besoin d'un sol meuble au pH neutre, d'une fertilisation régulière, de soleil et de beaucoup d'eau. Dès que les conditions deviennent trop difficiles, la pelouse montre des signes de stress et des plantes

La pelouse met les parterres de fleurs en valeur.

mieux adaptées, comme les pissenlits ou autres plantes coriaces, vont commencer à s'y installer. Il est possible d'entretenir ce type de pelouse avec des produits et des méthodes écologiques, mais on peut aussi y ajouter certaines espèces moins exigeantes et mieux adaptées à l'environnement. La gestion écologique d'une pelouse, c'est avant tout une question de bon sens : il faut corriger les problèmes à la source et il faut suivre les lois de la nature pour éviter de se battre constamment. Après, tout devient simple et facile.

Imaginez qu'un individu souffre d'un mal de dos chronique et se soigne aux aspirines, mais ne change en rien son mode de vie. Un tel traitement serait pour le moins répétitif et ne réglerait pas la cause de son problème ! C'est pourtant ce que l'on fait avec beaucoup de pelouses.

Commençons donc par quelques principes de base qu'il faut toujours garder à l'esprit.

Pour qu'une pelouse soit belle tout en restant naturelle, il faut :

- **Avoir un sol bien préparé :** il est essentiel d'avoir une bonne terre arable pour que les herbes à gazon s'enracinent profondément et prospèrent pendant de longues années. Il faut donc connaître votre sol et savoir comment l'améliorer le cas échéant. Pour recevoir votre pelouse, la terre devra être ameublie sur 15 à 20 cm de profondeur et contenir des matières organiques et des minéraux essentiels à une bonne croissance. Si la pelouse est déjà installée, vous pouvez l'améliorer petit à petit.

- **Semer la bonne espèce au bon endroit :** les pelouses sont constituées de plantes qui aiment les bonnes averses fréquentes. La plupart des graminées à gazon prospèrent mieux au soleil, mais si vous avez des endroits ombragés, semez des espèces qui tolèrent mieux l'ombre. Il y a aussi des espèces plus résistantes à la sécheresse et aux ravageurs. D'autres ne demandent pratiquement pas d'engrais. Si les conditions sont trop difficiles pour du gazon, pensez à une solution de rechange à la pelouse : couvre-sol, paillis, pré fleuri…

La pelouse n'est pas un tapis artificiel.
Dessin : Jacques Hébert

- **Faire un entretien adéquat :** quelques soins réguliers ou saisonniers garderont votre pelouse dense et nette : la bonne hauteur de coupe est le facteur le plus important dans la beauté de la pelouse. La priorité suivante, c'est l'eau et la fertilisation. Les autres travaux, comme l'aération et le terreautage, seront nécessaires en fonction de son utilisation.
- **Accepter la biodiversité comme une partie intégrante d'un environnement sain.** La pelouse n'est pas un tapis artificiel, c'est un espace vivant qui contient une foule d'organismes inoffensifs et même fort utiles, que ce soient des plantes, des insectes ou des vers de terre. Soyez tolérant envers la nature.
- **Comprendre que les infestations ne sont que les symptômes d'un problème sous-jacent.** Il n'est pas souhaitable d'appliquer des pesticides (même biologiques) d'une façon répétitive pour régler ce genre de problème. Il vaut mieux le corriger à la source, quitte à remplacer la pelouse par un aménagement mieux adapté au milieu. La meilleure arme contre les infestations est la prévention et l'entretien d'un milieu diversifié, où la compétition entre les organismes empêche la domination d'une seule.

LE **SOL**

QU'EST-CE QU'UN BON SOL ?

Un sol sain produit des plants sains, c'est bien connu, et la première chose à faire lorsque vous faites du jardinage, c'est d'identifier la nature de votre sol. Ensuite, il s'agit d'en prendre soin et de l'améliorer, que ce soit pour planter des légumes, des fleurs ou du gazon. Une pelouse qui pousse dans un sol fertile demeure verte beaucoup plus longtemps en cas de sécheresse, elle laisse moins de place aux mauvaises herbes et elle résiste mieux aux ravageurs.

Le sol est un milieu très complexe qui relève à la fois de la physique, de la chimie et de la biologie. Mais ne vous inquiétez pas, ce n'est pas si compliqué et il ne faut pas faire de longues études pour comprendre l'essentiel.

Le sol est fait de matières minérales, provenant de la roche-mère propre à chaque région, et de matières organiques provenant des plantes et des animaux qui y habitent. Il contient aussi de l'air et de l'eau en proportions variables. Améliorer un sol, ce n'est pas seulement lui donner de l'engrais, c'est travailler sur tous les facteurs qui contribuent à entretenir sa fertilité : encourager la vie du sol, améliorer sa structure et sa texture et ajouter éventuellement ce qui lui manque en matières organiques et en engrais.

Texture et structure du sol

La texture d'un sol dépend de la grosseur des particules qui le composent : sable, limon ou argile.

La structure du sol est la façon dont ces particules sont agencées ensemble.

SOL VIVANT

Le sol contient une foule d'organismes vivants : des vers de terre bien sûr, mais aussi une quantité d'insectes de toutes les grandeurs et encore plus d'organismes invisibles comme les protozoaires, les bactéries, les champignons et nombre d'autres. Ce sont des noms qui font un peu peur car ils sont souvent reliés à des maladies ou à des infestations. Sachez pourtant qu'il y en a bien plus qui sont utiles que nuisibles et que sans eux, les plantes ne pourraient pas survivre. Un gramme de sol fertile peut contenir plus d'un milliard d'êtres vivants.

Vive les vers de terre !

Les vers de terre, ou lombrics, sont nos meilleurs alliés dans la pelouse. Certaines personnes se plaignent des petits monticules qu'ils forment à la surface du sol. Pourtant, il s'agit d'une véritable aubaine : c'est du fumier de vers de terre, qui est très riche en azote, phosphore, potassium, magnésium et calcium. Il suffit de passer le râteau pour étaler ce merveilleux fertilisant. Les vers de terre améliorent également le drainage et l'aération du sol et aident les racines à pénétrer en profondeur.

Les vers de terre vont chercher les matières organiques qui traînent à la surface du sol, ils les malaxent dans leur système digestif avec de la terre et les transforment en humus avec l'aide des bactéries. En 10 ans, la totalité de la couche superficielle du sol passe à travers leur intestin. On peut trouver de 500 à 5000 kg de lombrics à l'hectare dans une terre riche. Certains vers peuvent aussi descendre jusqu'à 3 m de profondeur et ramener ainsi des matières minérales à la surface, au niveau des racines[3].

Pour encourager les vers de terre, laissez le gazon coupé sur place, donnez-leur des feuilles broyées avec la tondeuse en automne et ajoutez régulièrement du compost sur la pelouse. Ils vont se précipiter sur ce qui constitue pour eux un festin ; ce faisant, ils vont aérer le sol et l'enrichir de leurs excréments, si appréciés des bactéries qui vont elles-mêmes nourrir les plantes. En travaillant avec la nature, vous pouvez vous simplifier fameusement la vie !

Certains organismes recyclent les matières organiques, d'autres aèrent le sol, captent l'azote de l'atmosphère, brisent les particules du sol ou, au contraire, l'aident à se structurer. Ils attaquent les substances minérales et aident les plantes à assimiler les éléments nutritifs. Certains d'entre eux produisent des activateurs de croissance ou parfois des substances toxiques qui contrôlent le développement des organismes nuisibles.

Les plantes elles-mêmes font aussi partie de la vie du sol et aident à l'améliorer. En effet, les racines des plantes aèrent les sols lourds et lient les particules du sol entre elles. Elles sécrètent des substances qui attirent des micro-organismes et libèrent des oligo-éléments. En se décomposant, elles enrichissent le sol en matière organique. Une partie de cette matière sera disponible pour d'autres plantes, tandis que l'autre partie se transformera en humus. L'humus est un réservoir d'éléments nutritifs qui se minéralise petit à petit selon les besoins des plantes. C'est aussi une substance qui va améliorer la structure du sol, comme on le verra plus loin, et qui peut retenir jusqu'à 15 fois son poids en eau.

Le sol est un écosystème, où toutes les composantes contribuent à former un équilibre. La fertilité d'un sol est proportionnelle à sa capacité de soutenir la vie.

L'humus

L'humus est une substance fabriquée par les organismes vivants du sol. Il est de couleur sombre et possède des qualités inestimables pour améliorer le sol :

- Il favorise une bonne structure.
- Il retient l'air et l'eau.
- C'est un réservoir d'éléments nutritifs.
- Il neutralise les excès d'acidité ou d'alcalinité.
- Il stimule la croissance des plantes.

TEXTURE DU SOL

Les spécialistes ont classé les sols d'après la grosseur des particules qui le composent : sable, limon et argile.

- **Le sable** est composé de particules assez grossières, parfois visibles à l'œil nu, de 0,06 à 2 mm de diamètre. Les sols sablonneux sont faciles à travailler car ils contiennent beaucoup d'air. Ils se réchauffent rapidement au printemps et se drainent bien. Par contre, ils se dessèchent très vite et ils sont souvent pauvres et acides. Lorsque vous prenez du sable dans les mains, il s'échappe facilement entre vos doigts.

- **L'argile** est constituée de particules très fines, inférieures à 0,002 mm. Les sols argileux sont lourds et se drainent mal. Par contre, ils résistent bien à la sécheresse et ils peuvent former des sols très riches lorsqu'ils sont bien structurés. L'argile colle aux outils et devient luisante lorsqu'elle est mouillée.

- **Le limon** contient des particules de grosseur intermédiaire, soit de 0,002 à 0,06 mm de diamètre. Il est capable de retenir l'eau, mais peut se compacter facilement. Le limon salit les doigts et peut se pétrir un peu, mais les boulettes formées se cassent facilement.

En général, la plupart des sols renferment un mélange de ces différentes grosseurs de particules. On parlera alors de sols sablo-limoneux, limono-argileux, etc.

Photo : Dreamstime

STRUCTURE DU SOL

Le sol n'est pas simplement un mélange de minéraux et de matières organiques. Les particules du sol sont structurées de différentes façons, comme les briques d'un bâtiment. Il y a des structures grumeleuses, en blocs, prismatiques ou en feuillets. La structure grumeleuse est celle qu'il faut favoriser pour votre pelouse. On la retrouve naturellement en surface des terres fertiles et elle est constituée de petites boulettes (agrégats) qui laissent des espaces libres permettant à l'air et à l'eau de circuler facilement.

L'argile possède des qualités exceptionnelles pour former de petits agrégats très fertiles avec l'humus : c'est ce qu'on appelle le complexe argilo-humique. Il est fabriqué par les organismes vivants du sol, qui transforment les matières organiques en humus, tout en secrétant une sorte de mucus qui va faire tenir tout cela ensemble. Cette structure poreuse permet à l'air et à l'eau de pénétrer librement dans les interstices du sol. De plus, le complexe argilo-humique est chargé négativement et attire les minéraux chargés positivement comme un aimant.

Le calcium a une double charge positive qui lui permet de relier les particules d'argile entre elles et de fixer des composés chargés négativement. C'est pourquoi un apport de chaux est souvent très bénéfique dans un sol lourd car il retient bien les fines particules d'argile pour former des agrégats avec l'humus.

Outre l'air et l'eau, une bonne terre arable doit contenir environ :

- 40 à 60 % de sable
- 10 à 40 % de limon
- 15 à 20 % d'argile
- 3 % à 5 % de matière organique

Une terre à gazon pourra être plus sablonneuse pour un meilleur drainage :

- 55 à 70 % de sable
- 15 à 25 % de limon
- 10 à 20 % d'argile
- 3 % à 5 % de matière organique

La structure grumeleuse

agrégat formé de sable, limon, argile et humus

espace rempli d'eau et d'air

D'après Gagnon, Yves. La culture écologique. *Saint-Didace, Éditions colloïdales, 1990.*

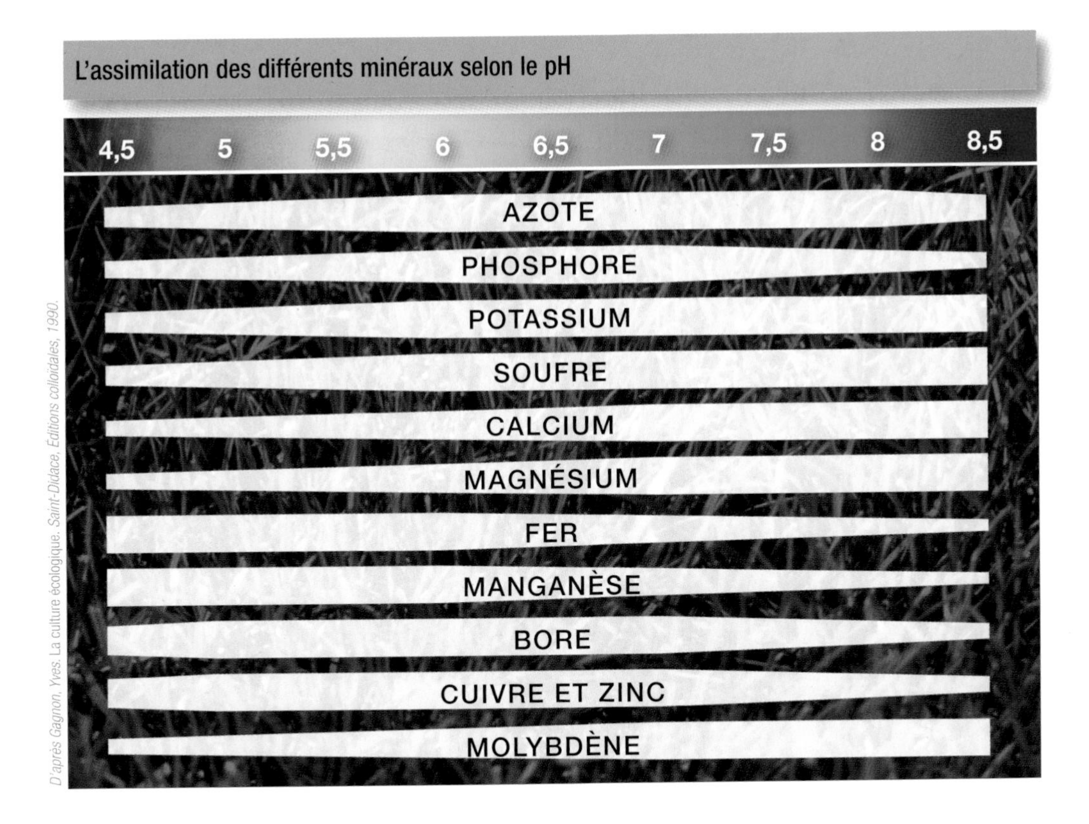

D'après Gagnon, Yves. La culture écologique. Saint-Didace, Éditions colloïdales, 1990.

ACIDITÉ OU ALCALINITÉ

Le pH est un indice du taux d'acidité ou d'alcalinité du sol. Il se mesure sur une échelle de 0 à 14. Plus le pH est bas (de 0 à 7), plus il est acide. Plus il est élevé (7 à 14), plus il est alcalin. Un pH de 7 est neutre. Idéalement, le pH devrait se situer entre 6,5 et 7,5 pour la plupart des espèces de gazon. Un sol trop acide empêche la pelouse d'assimiler les engrais qui lui sont fournis, ce qui l'affaiblit et permet aux mauvaises herbes de s'implanter plus facilement. L'effet est souvent spectaculaire lorsqu'on rectifie le pH, c'est comme si on venait de mettre de l'engrais. En effet, un pH équilibré permet aux éléments nutritifs, qui sont déjà dans le sol, d'être assimilés et cela crée un milieu favorable pour les micro-organismes bénéfiques.

Les pluies acides, les engrais chimiques et le manque de matière organique contribuent à faire baisser le pH. Vous ne pouvez pas protéger votre pelouse de l'acidité qui vient du ciel, mais ne vous privez pas d'ajouter régulièrement des matières organiques car

Idéalement, le pH du sol devrait se situer entre 6,5 et 7,5 pour faire une belle pelouse.

elles se décomposent sans arrêt. Ce sont les agrégats formés par la terre et l'humus qui stabilisent les excès. Un ajout de compost aide donc à neutraliser tous les types de sols et cela suffit généralement pour corriger des problèmes mineurs.

Cependant, lorsque le sol est trop acide (en dessous de 6), vous pouvez appliquer une source de calcium, comme la chaux ou la cendre de bois. La chaux dolomitique contient également du magnésium et constitue un bon choix, mais il faudrait vérifier si vous n'avez pas déjà trop de magnésium car un excès peut nuire également. De plus, si votre sol est argileux, il vous faudra environ deux fois plus de chaux que si le sol est sablonneux. Il ne faut jamais essayer de modifier brusquement le pH de plus d'une unité, et même 1/2 unité de préférence. Ne dépassez jamais 25 kg de chaux par 100 m². Faites plutôt plusieurs applications à six mois d'intervalle sinon vous risquez de perturber l'équilibre du sol.

Si vous avez un poêle à bois, vous pouvez recycler la cendre, mais allez-y prudemment car c'est une substance au pH très élevé (13), qui risque de brûler les plantes. Il ne faut pas dépasser 10 kg pour 100 m². Utilisez la cendre

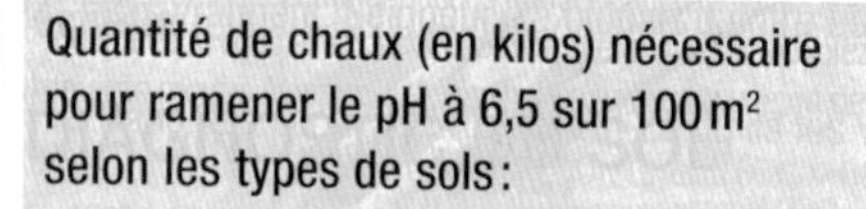

Quantité de chaux (en kilos) nécessaire pour ramener le pH à 6,5 sur 100 m² selon les types de sols :

pH	sablonneux	limoneux	argileux
4,5	45	55	80
5	35	40	70
5,5	25	30	50
6	12	15	25

L'application de chaux est très bénéfique sur les sols acides.

comme du sel dans la soupe ! Vous pouvez d'ailleurs vous fabriquer une sorte de « salière » pour épandre de la cendre, en perforant le fond d'une boîte d'aluminium que vous attacherez solidement au bout d'un bâton. Attendez que le sol soit bien dégelé avant de l'appliquer car c'est un produit extrêmement soluble, contrairement aux autres produits naturels. Il ne faut donc pas le répandre sur un sol gelé, vous pourriez tout perdre au dégel.

Si le sol est trop alcalin (au dessus de 7,5), ce qui est très rare, un peu de soufre fera l'affaire. Il faut environ 1,5 à 2,5 kg de soufre pour faire baisser le pH d'une demi-unité et n'essayez pas d'en mettre plus de 3 à 5 kg en une fois. De plus, il faut arroser abondamment après l'application pour éviter que le feuillage ne reste en contact trop longtemps avec le soufre.

Une application de tourbe de sphaigne (*peat moss*) pourrait également aider à corriger la situation, mais c'est une ressource non renouvelable et qui est souvent importée d'assez loin. Le compost est plus écologique et contribue très efficacement à neutraliser le sol.

FERTILITÉ DU SOL

La fertilisation écologique a pour but de stimuler et d'entretenir la fertilité naturelle de la terre qui, ne l'oublions pas, est formée de particules minérales, d'organismes vivants (animaux et végétaux), d'air et d'eau. Toutes ces composantes sont en interaction continue et effectuent des échanges avec l'atmosphère de façon à assurer un équilibre. La fertilisation chimique vise seulement à améliorer le rendement des plantes, souvent au détriment des autres composantes du sol. Lorsqu'on bourre une plante d'engrais chimiques, on néglige le rôle des organismes du sol et on y crée des déséquilibres.

En fait, dans la nature, la plante va chercher la majorité de ses besoins dans l'air : le carbone, l'hydrogène, l'oxygène et l'azote constituent 95 % de la masse végétale et sont tout à fait gratuits. À peine 5 % des minéraux sont puisés dans le sol par le biais de mécanismes complexes. Grâce au phénomène de la photosynthèse, la plante fabrique une sève bien particulière, dite élaborée, qui est envoyée dans toutes les parties de la plante et dans le sol par les racines, où elle va nourrir des micro-organismes qui vivent en association avec elles. Ces organismes vont à leur tour procurer à la plante des minéraux qui sont naturellement présents dans le sol et qui seront transportés par la sève brute. Ce merveilleux mécanisme fonctionne depuis des millénaires sans intervention humaine et c'est d'ailleurs grâce aux plantes que le règne animal a réussi à s'acclimater sur terre.

Processus naturel de nutrition des plantes

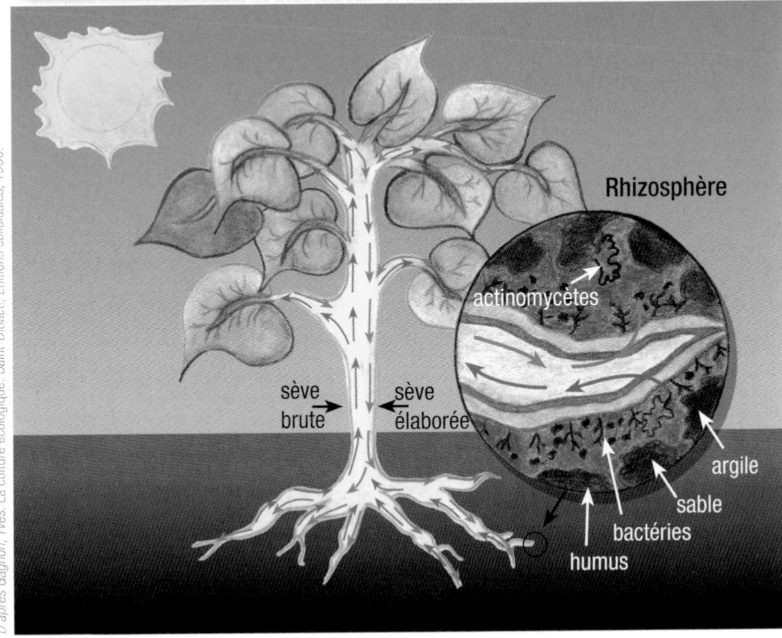

D'après Gagnon, Yves. La culture écologique. *Saint-Didace, Éditions colloïdales, 1990.*

Les plantes vivent en association étroite avec les organismes du sol : grâce à la photosynthèse, elles fabriquent une sève élaborée qui retourne dans les racines et les radicelles où elle va nourrir des bactéries qui, à leur tour, procurent aux plantes les minéraux dont elles ont besoin.

Les éléments essentiels aux plantes sont :

Le carbone (C), l'oxygène (O) et l'hydrogène (H), lesquels constituent la plus grande partie de la masse végétale.

L'azote (N), qui sert à fabriquer les protéines et contribue à la croissance des tiges et des feuilles. L'azote entre dans la composition de la chlorophylle, responsable de la couleur verte des plantes.

Le phosphore (P) favorise le développement des racines et des jeunes plants.

Le potassium (K) sert à fabriquer les protéines et à augmenter la résistance de la plante aux parasites et aux maladies. Il est important aussi pour la rigidité des tiges.

Le magnésium (Mg) est l'élément central de la chlorophylle, responsable de la couleur verte.

Le calcium (Ca) sert à fabriquer les protéines et à souder les cellules entre elles.

Le soufre (S) contribue également à la fabrication des protéines.

Il y a aussi plusieurs oligo-éléments qui sont essentiels, mais que les plantes utilisent en faible quantité : le bore (B), le chlore (Cl), le cuivre (Cu), le fer (Fe), le manganèse (Mn), le molybdène (Mo) et le zinc (Zn).

LE DIAGNOSTIC DU SOL

OBSERVATIONS

Lorsque vous voulez établir une nouvelle pelouse ou simplement améliorer l'état d'une pelouse déjà existante, la première chose à faire est d'évaluer votre sol :

- Est-ce que la terre est lourde et collante comme de la glaise (argile), soyeuse et friable comme du limon ou légère et granuleuse comme du sable ? Vous pouvez avoir une petite idée de la composition physique d'un sol en mélangeant un peu de terre avec 50 % d'eau dans un pot de verre de 1 litre environ. Cassez bien les morceaux, secouez vigoureusement et attendez jusqu'à ce que l'eau soit claire. Les particules les plus

Le test du pot de verre peut vous donner une idée approximative de la granulométrie de votre sol.

grosses (les plus lourdes) vont se déposer au fond en premier, ensuite les plus fines. L'argile peut prendre plusieurs jours à se déposer. Vous pourrez distinguer ainsi différentes couches et mesurer approximativement la proportion de sable, de limon et d'argile.

- Est-ce que la terre est claire (grise ou jaune pâle) ou sombre ? Une terre foncée indique la présence de matières organiques. Si vous faites le test du pot de verre, vous verrez des particules flotter à la surface de l'eau : ce sont les matières organiques.
- Regardez ce qui pousse naturellement sur l'espace que vous voulez gazonner, ou dans les environs si le sol est à nu. Voyez les plantes indicatrices ci-dessous.
- Observez aussi le drainage : y a-t-il de l'eau qui stagne longtemps après la pluie ? Est-ce qu'il y a des plantes typiques des milieux humides ?

PLANTES INDICATRICES

Les plantes sauvages, ou ce qu'on appelle généralement des mauvaises herbes, peuvent en dire long sur les conditions du sol. En effet, certaines plantes ont des exigences bien particulières au sujet de l'acidité, de l'humidité, de la texture ou de la teneur en certains minéraux. D'autres sont très adaptables, mais leur abondance ou leur vigueur peuvent également témoigner de la nature du sol. Il y a encore beaucoup de recherches à faire à ce sujet, mais voici ce que j'ai découvert dans quelques rares livres qui abordent cette question (Hynes 1995, Pfeiffer, Uva 1997, Walters 1991).

ACHILLÉE MILLEFEUILLE

(Achillea millefolium) Common yarrow
Vivace. Tolère une grande diversité de sols, mais préfère les sols pauvres, secs et sablonneux. Une bonne fertilisation décourage son expansion.

BARDANE

(*Arctium* spp.) Burdock
Bisannuelle. Aime les sols riches, lourds et non dérangés. Surtout les sols riches en fer et en phosphore, mais pauvres en calcium et au pH plutôt acide.

CAROTTE SAUVAGE

(Daucus carota) Wild carrot
Bisannuelle. Fréquente sur les terrains qui ont déjà été fertilisés et entretenus, les sols bien drainés et secs ou les vieux pâturages en friche.

CHICORÉE SAUVAGE

(Chicorium intybus) Common chicory

Vivace. Aime les sols calcaires, mais s'adapte à un pH assez variable. Tolère un sol assez sec mais n'aime pas être dérangée (culture).

CHOUX GRAS

(Chenopodium album) Lamb's-quarters

Annuelle. Typique des sols riches en matières organiques et en phosphore. Reflète un bon équilibre minéral du sol, mais s'adapte à des conditions très variables.

DIGITAIRE

(*Digitaria* spp.) Crab-grass

Annuelle. Tolère les sols pauvres et secs, sablonneux. Aussi dans les sols croûtés et pauvres en calcium, mais elle s'adapte à des conditions très variables.

ÉPERVIÈRE

(*Hieracium* spp.) Hawkweed

Vivace. Fréquente dans les sols secs, graveleux, acides et peu fertiles. Cette plante ne persiste pas dans les endroits cultivés et fertilisés.

FRAISIER

(*Fragaria* spp.) Wild strawberry

Vivace. Se plaît particulièrement dans les sols graveleux, bien drainés et légèrement acides.

HERBE À POUX

(Ambrosia artemisiifolia) Ragweed

Annuelle. Très commune sur le sols pauvres, secs et compacts, mais préfère les sols lourds et humides. Peut s'adapter à une grande variété de conditions.

LAITERON DES CHAMPS

(Sonchus arvensis) Perrenial sow-thistle

Vivace. Aime les sols légèrement alcalins ou neutres, les sols argileux et riches. Ne tolère pas le sable grossier.

LINAIRE VULGAIRE

(Linaria vulgaris) Yellow toadflax

Vivace. Souvent sur les terrains secs, sableux, graveleux. Peu fréquent sur les terrains entretenus régulièrement.

LISERON

(Convolvulus arvensis) Bindweed

Vivace. Reflète une mauvaise décomposition de la matière organique et un sol pauvre en calcium, phosphore et potassium, ainsi qu'un sol acide. Souvent dans les sols collants et croûtés.

LUPULINE

(Medicago lupulina) Black medic

Annuelle. Aime les sols pauvres et secs, non perturbés. Tolère bien les sels de déglaçage.

MOURON DES OISEAUX

(Stellaria media) Chickweed

Annuelle. Aime les sols humides et ombragés, mais surtout riches et fertiles en surface. Elle s'adapte cependant à diverses conditions.

MOUSSE

(différents genres) Moss

Vivace. Plante primitive formant des coussinets. Souvent dans les endroits ombragés, humides et acides, mais certaines espèces sont très adaptables à diverses conditions.

ORTIE

(Urtica dioica) Stinging nettle

Vivace. S'étend par rhizomes. Aime les sols humides, riches et fertiles. Souvent dans les potagers en friche ou près des tas de compost et de fumier.

OSEILLE

(Rumex acetosella) Sorrel

Vivace. Souvent symptôme d'un manque de calcium et d'azote, d'un sol mal drainé et acide, d'une mauvaise décomposition de la matière organique, mais ne se limite pas à ces habitats.

PISSENLIT

(Taraxacum officinalis) Dandelion

Vivace. Symptôme d'un manque de calcium et d'une mauvaise décomposition de la matière organique. S'adapte cependant à des conditions très variables.

PLANTAIN MAJEUR

(Plantago major) Broad-leaved plantain

Vivace. Préfère les sols riches, lourds et compacts (souvent piétinés). Tolère cependant une grande variété de conditions.

POURPIER POTAGER

(Portulaca oleracea) Purslane

Annuelle. Se plaît dans les sols sablonneux, riches en potassium, magnésium, fer et cuivre, mais pauvres en calcium et phosphore. Tolère bien la chaleur et les sols compacts.

PRÊLE DES CHAMPS

(Equisetum arvense) Field horsetail

Vivace. Aime les sols sablonneux ou graveleux, mais surtout les endroits humides et mal drainés. S'adapte à une grande diversité de sols.

RENOUÉE DES OISEAUX
(Polygonum aviculare) Prostrate knotweed
Annuelle. Pousse sur les sols pauvres et compacts. Tolère le sel et survit là où les autres plantes ne peuvent s'établir. Pas très compétitive, elle disparaît dans les terrains bien fertilisés et semés.

RENOUÉE PERSICAIRE
(Polygonum persicaria) Lady's-thumb
Annuelle. Elle aime les sols humides et mal drainés. Peut témoigner d'une teneur élevée en sélénium, phosphore, manganèse et zinc, mais d'un faible taux de calcium.

VERGE D'OR
(*Solidago* spp.) Goldenrod
Vivace. S'adapte à des conditions très variables, mais préfère un sol frais, limoneux. Moins fréquente sur les sols très humides ou très secs.

ANALYSE DU SOL

Vous pouvez faire analyser votre sol pour avoir une idée plus précise du pH et pour vérifier les carences en éléments majeurs, particulièrement en phosphore, potassium et calcium. Il semble que l'azote soit une substance qui varie énormément au cours de l'année et qu'il n'y a aucune méthode d'analyse fiable pour déterminer précisément la disponibilité de l'azote dans un sol. La teneur des autres éléments sera cependant fort précieuse à connaître.

En 2007, une analyse complète peut coûter entre 25 et 30 $ dans une jardinerie au Québec. Il semble qu'en France cela coûte plus du double (55 €). Outre les minéraux essentiels et le pH, cela devrait comprendre le taux de matière organique et une analyse granulométrique qui vous permettra de connaître la proportion exacte de sable, de limon et d'argile dans votre terre. La plupart des bonnes jardineries offrent un service d'analyse, mais des laboratoires spécialisés existent aussi dans certaines régions.

L'analyse du pH est sans doute l'information la plus importante et coûte environ 5 $. Malheureusement, peu de jardineries offrent ce service seul et vous proposeront plutôt une analyse complète. Vous pouvez aussi vous procurer un pH mètre portable, mais il faut investir environ 200 $ pour un appareil fiable. Il est à noter que le pH devrait toujours être mesuré à la même période de l'année et avec la même méthode si vous voulez obtenir une lecture comparable. En effet, le sol s'acidifie considérablement durant l'été lorsque les organismes vivants du sol sont actifs, il redevient ensuite plus alcalin en automne. J'ai observé des différences de pH de 6 à 5 entre des échantillons analysés aux mois de mai et juillet au même endroit, sans avoir ajouté quoi que ce soit. Pour faire l'analyse au même moment, fiez-vous à la floraison des pommiers ou à la chute des feuilles, par exemple, plutôt qu'à une date. On sait bien que les saisons se suivent mais ne se ressemblent pas !

Comment procéder à un échantillonnage ?

Voici ce que recommande Lili Michaud (agronome) dans son livre *Le jardinage éconologique*[20] :

Pour effectuer un échantillonnage de sol, déterminez d'abord les secteurs à analyser : pelouse avant, pelouse arrière, potager ou autre secteur ayant une surface maximale de 250 m^2. Pour chacun des secteurs, s'il y a lieu, effectuez un échantillonnage qui comprendra un minimum de cinq prélèvements. À l'aide d'une truelle propre, recueillez le sol à une profondeur variant entre 5 et 15 cm, déposez les prélèvements d'un même secteur dans un seau propre et mélangez. Enlevez les cailloux et les débris organiques et recueillez approximativement 125 g du mélange que vous mettrez dans un petit sac de plastique préalablement identifié au secteur déterminé (c'est ce qui constitue l'échantillon). Répétez l'opération, au besoin, pour les autres secteurs en prenant soin de nettoyer la truelle et le seau entre chaque secteur. Apportez le ou les échantillons recueillis, sans trop tarder, dans une jardinerie ou au laboratoire spécialisé.

LA **FERTILISATION**

La fertilisation écologique va chercher à apporter au sol les éléments qui lui manquent s'il y a lieu, mais aussi à stimuler les cycles biologiques et à renouveler l'humus dans le sol, de façon à perpétuer les mécanismes naturels. Cela comporte beaucoup moins de risques que d'appliquer des engrais solubles qui nourrissent directement les plantes en se substituant à un processus très complexe qui fonctionne bien depuis des siècles. La fertilisation écologique peut se faire par l'apport d'amendements et d'engrais naturels.

AMENDEMENTS

Les amendements sont des substances qui améliorent l'ensemble des propriétés du sol, alors que les engrais servent à compléter les besoins des plantes en minéraux.

On peut amender le sol avec des matières minérales :

- de l'**argile et du limon** pour améliorer les sols trop sableux
- du **sable** pour alléger les sols trop argileux
- du **calcium** pour aider à former le complexe argilo-humique

ou avec des matières organiques :

- du **compost**
- de la **tourbe de sphaigne**
- des **feuilles mortes**
- etc.

Le compost est le résultat de la décomposition accélérée et contrôlée de matières organiques (fumier, feuilles, déchets de cuisine, etc.). Il améliore tous les aspects de la fertilité du sol. Il aide à structurer le sol, à retenir l'eau et les éléments nutritifs. Il nourrit les organismes vivants tout en fournissant directement aux plantes certains minéraux essentiels. Il contient également une foule de micro-organismes qui vont travailler dans le sol et digérer la matière organique. L'apport de compost est donc la meilleure façon de redonner au sol sa fertilité naturelle et d'entretenir la vie à la fois dans

le sol et au-dessus de lui. Vous pouvez en faire vous-même à la maison, mais vous en trouverez également en magasin.

La tourbe de sphaigne, souvent appelée aussi mousse de tourbe (de l'anglais *peat moss*), est le résultat de la décomposition partielle d'un genre de mousse (sphaigne) dans des milieux sans air (tourbières). C'est une matière qui est beaucoup utilisée pour améliorer la structure des sols en horticulture au Québec car elle y est abondante et peu coûteuse. Elle aide les sols sablonneux à retenir l'eau et améliore aussi les sols argileux à condition qu'ils soient bien drainés. La tourbe de sphaigne ne procure cependant pas d'éléments nutritifs aux plantes ou aux organismes du sol et elle est très acide. C'est une matière qu'on trouve en abondance sous les climats nordiques, mais elle constitue une ressource non renouvelable car cela a pris des milliers d'années pour former ces tourbières. De plus, elle acidifie beaucoup le sol et n'est donc pas tellement recommandable, sauf pour planter des espèces acidophiles, comme des rhododendrons.

Les feuilles mortes constituent une excellente source de carbone pour nourrir les organismes du sol. Elles contribuent aussi à améliorer la structure du sol et elles apportent différents minéraux aux plantes. Elles peuvent remplacer les apports de compost si on les déchiquette sur la pelouse en automne. Mais attention, il faut y aller progressivement et veiller à ne pas étouffer le gazon. J'en reparlerai dans le chapitre sur l'entretien.

ENGRAIS NATURELS

Quant aux engrais naturels, ils peuvent provenir de différents composés organiques ou minéraux naturels. Contrairement aux engrais chimiques (ou de synthèse) qui sont très solubles, les engrais naturels se fixent aux agrégats du sol, et les éléments nutritifs sont libérés lentement, par les organismes vivants, pour nourrir les plantes à leur rythme. Il faut

donc appliquer moins d'unités fertilisantes avec un engrais naturel qu'avec un engrais de synthèse. Par ailleurs, les sacs d'engrais naturels ne contiennent pas de remplissage, contrairement aux engrais chimiques.

Depuis quelques années, il y a un bon choix d'engrais naturels sur le marché. Outre les éléments majeurs, ils fournissent de petites quantités d'autres éléments nutritifs tels que le fer, le calcium, le magnésium, le cuivre, le zinc, etc., et ils contiennent souvent aussi des matières organiques et des activateurs de croissance qui attirent les organismes bénéfiques.

Les engrais naturels d'origine organique (animale ou végétale) proviennent généralement des abattoirs ou du bord de la mer.

Les chiffres entre parenthèses indiquent le pourcentage approximatif en azote, phosphore et potassium (N-P-K) :

Engrais	N-P-K
Farine de plume : riche en azote	(12-0-0)
Farine de sang : riche en azote	(12-1-3)
Poudre d'os : riche en phosphore	(3-20-0)
Farine de crustacés : azote, phosphore et oligo-éléments	crabes : (6-4-5) crevettes : (8-6-1)
Algues séchées ou en émulsion : potassium et oligo-éléments	(2-2-17)
Émulsion de poisson : azote, phosphore et oligo-éléments	(10-6-0)
Farine de luzerne : azote	(5-1-2)
Cendre de bois : calcium et potassium surtout	(0-5-10)
Coquilles d'œufs : calcium	

Il est à noter que certains adeptes de la culture biologique refusent d'utiliser des déchets d'animaux à cause des conditions d'élevage actuelles et des maladies qui en résultent (vache folle, etc.). Aux États-Unis, la farine de plume ne sera bientôt plus acceptée en culture biologique !

Les engrais naturels d'origine minérale sont extraits de différentes carrières, mais ne subissent aucune transformation autre que le concassage et la granulation :

Phosphate de roche :
riche en phosphore (0-27-0) et calcium (42 %)

Sul-po-mag : potassium (0-0-22),
mais aussi soufre (22 %) et magnésium (11 %)

Basalte : source de fer (8 %), de potassium (4 %),
de magnésium (5 %) et de calcium (4 %)

Chaux dolomitique :
riche en calcium (28 %) et magnésium

Chaux calcique :
riche en calcium (32 %)

Certaines compagnies vendent également des boues de station d'épuration compostées et/ou déshydratées (sous l'appellation « biosolides » au Québec). Plusieurs personnes ont de fortes réticences envers ce genre de matières résiduelles. Cependant, je me demande s'il ne vaut pas mieux recycler ces déchets en horticulture ornementale, plutôt que de les enterrer ou les incinérer. Ces produits sont soumis à des températures très élevées pour être déshydratés et les résidus de métaux lourds sont étroitement surveillés semble-t-il.

Les engrais naturels sont disponibles actuellement dans toutes les bonnes jardineries, mais si votre détaillant n'en a pas, donnez-lui les informations ci-dessus pour qu'il puisse en commander. Vous trouverez des fournisseurs à la fin de ce livre (voyez : « Ressources » à la fin du livre).

Pour fertiliser une pelouse, il faut mettre un peu plus d'engrais naturels que d'engrais chimiques, mais vous n'en appliquez qu'une fois par année (au lieu de trois ou quatre fois) car ils sont généralement peu solubles. Vous en mettez donc moins au total et vous brisez le cercle vicieux de la dépendance chimique. Un engrais naturel, c'est comme de l'argent en banque et, avec le temps, il est probable que vous en aurez besoin de moins en moins car les éléments nutritifs naturels se fixent dans le sol et ne sont utilisés que lorsque la plante en a vraiment besoin.

Recherchez des engrais 100 % naturels.

ENGRAIS CHIMIQUES

Les engrais chimiques, ou de synthèse, ont été développés après la Première Guerre mondiale et se sont répandus très rapidement car ils augmentaient les rendements d'une façon spectaculaire. Malheureusement, l'utilisation excessive qu'on en fait depuis cinquante ans n'est pas sans conséquence sur l'environnement.

Les engrais chimiques sont comparables au sucre raffiné dans notre alimentation : les

Les engrais chimiques sont très solubles et polluent nos plans d'eau.

sucreries nous rassasient et nous coupent l'appétit pour des aliments plus sains dont l'organisme se sert à long terme. De même, les engrais chimiques comblent rapidement les besoins de la plante en azote, phosphore et potassium mais perturbent complètement l'association entre les organismes du sol et les racines. La plante absorbe plus de minéraux qu'elle n'en a réellement besoin et pousse plus vite, mais elle devient également plus sensible aux parasites et aux maladies. De plus, les effets bénéfiques des engrais de synthèse ont relégué au second plan le besoin du sol en humus, cette matière organique qui entretient la vie et les mécanismes naturels. L'utilisation exclusive d'engrais chimiques a donc entraîné la diminution des organismes vivants du sol, nous privant de nos plus précieux collaborateurs, tout en nous rendant de plus en plus dépendants de cette nourriture artificielle ! Un véritable cercle vicieux.

Par ailleurs, comme les engrais chimiques sont généralement plus solubles que les engrais naturels, ils sont lessivés facilement par la pluie et ils viennent polluer nos plans d'eau avec des excès de nutriments. En fait, il ne faudrait pas cultiver de pelouse dans une bande de 10 à 15 m au bord d'un plan d'eau, car même les engrais naturels peuvent causer de l'eutrophisation à cette distance, mais j'en reparlerai à la fin de ce livre.

Revenons donc aux pelouses urbaines : les engrais chimiques doivent être appliqués environ quatre fois par année puisqu'ils sont très solubles. Les doses recommandées sont environ deux fois plus élevées que pour les engrais naturels. Un mois après la première application, il n'en reste presque plus et une grande partie s'est perdue dans l'égout pluvial ou même dans la nappe phréatique. C'est le programme en quatre étapes : les quatre contenants que vous achetez à la jardinerie ou les quatre visites de la compagnie d'entretien, alors que pour les engrais naturels, une seule bonne application par année suffit, car ils sont peu solubles, à de rares exceptions près. De plus, différents pesticides sont parfois mélangés aux engrais. Ces mélanges sont interdits au Québec depuis 2004, mais ils sont encore en usage en Europe et ailleurs.

Attention au marketing vert ! Au Québec, plusieurs compagnies offrent des mélanges « à base organique » ou « à base naturelle », ce qui veut dire qu'ils ne sont tenus qu'à 15 % d'engrais naturels, le reste étant de l'engrais chimique soluble. D'autres vont promouvoir des engrais à libération lente qui polluent moins l'environnement. Il s'agit cependant encore d'engrais chimiques, mais enrobés d'une substance qui permet une libération progressive du produit, ce qui va effectivement occasionner moins de pertes.

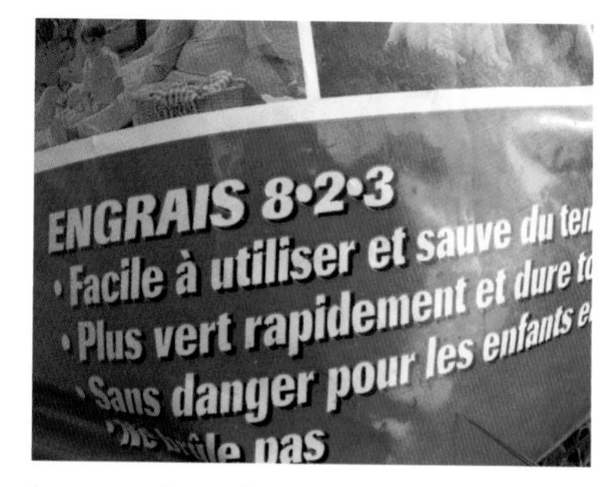

Les pourcentages d'azote, de phosphore et de potassium ne dépassent jamais 10 dans un mélange d'engrais naturels.

Lisez bien les étiquettes pour savoir si vous avez vraiment affaire à un engrais naturel. La mention 100 % naturel n'est pas toujours indiquée sur les sacs. Par contre, lisez le pourcentage en azote, phosphore et potassium (N-P-K) : sur les sacs d'engrais chimiques, vous verrez des chiffres très élevés, surtout pour l'azote lorsqu'il s'agit de fertiliser des pelouses : 20-3-3 ou 21-3-9. Par contre, sur les mélanges d'engrais naturels, ces pourcentages ne dépassent jamais 10. Vous trouverez par exemple : 8-3-3 ou 9-2-4. Les éléments nutritifs sont donc beaucoup moins concentrés mais surtout beaucoup moins solubles et par conséquent moins polluants. Vous ne pouvez pas « brûler » le gazon avec la plupart des engrais naturels car ils agissent très lentement et ils restent fixés aux agrégats du sol jusqu'à ce que la plante en ait besoin.

Saviez-vous que ?

L'utilisation répétée et exclusive d'engrais chimiques :

- Pollue nos cours d'eau ;
- Procure une fertilisation incomplète, déséquilibrée et déséquilibrante ;
- Acidifie le sol ;
- Augmente la salinité du sol ;
- Accélère les pertes d'humus ;
- Rend les plantes sensibles aux parasites et aux maladies ;
- Gaspille de l'énergie non renouvelable au moment de leur fabrication ;
- Oblige à tondre la pelouse plus souvent.

QUELQUES DÉFINITIONS

Engrais naturel : produit d'origine naturelle, provenant soit de résidus organiques (animaux ou végétaux), soit de gisements minéraux.

Engrais organique : engrais naturel d'origine animale ou végétale (exemples : farine d'os, de plumes ou de crevettes, émulsion d'algues).

Engrais à base organique : au Canada, il doit contenir un minimum de 15 % de produits organiques, le reste (85 %) pouvant être de l'engrais de synthèse.

Engrais minéral : provient de gisements miniers. Il peut être complètement naturel et ne subit alors aucune transformation autre que le concassage et la granulation (ex : basalte, phosphate de roche), ou il peut subir une transformation chimique (ex : superphosphate) et devient alors un engrais chimique.

Engrais de synthèse : produit obtenu par synthèse, comme les engrais azotés.

Engrais écologique : un terme utilisé à tort et à travers ! Il y a surtout des façons de faire plus écologiques. Par exemple, il est sûrement aussi polluant d'appliquer du purin de porc (pourtant naturel !) en bordure des plans d'eau, que de mettre de l'engrais chimique sur les pelouses. Mais il est beaucoup plus écologique de mettre du compost, de semer du trèfle et de faire de l'herbicyclage pour diminuer, voire éliminer les engrais.

CHAPITRE 5

UNE NOUVELLE **PELOUSE**

Pour avoir une belle pelouse à long terme, il faut améliorer le sol sur une profondeur de 15 à 20 cm. La préparation du sol est donc une étape essentielle. Malheureusement, les nouvelles pelouses sont souvent posées à la hâte sur de la terre d'excavation, elle-même compactée pendant la construction de la maison. Dans la plupart des cas, ce sont des rouleaux de gazon en plaques qui sont étendus sur quelques centimètres de terre arable. Il va de soi que les racines pénètrent difficilement dans cette croûte de sol compact. Une telle pelouse va demander des soins assidus pour survivre et ne sera jamais très autonome. Comme le dit souvent mon ami Michel[4] : « Il est aussi difficile de faire pousser une belle pelouse sur un sol compact que de cultiver un cactus dans un marais ! »

Si vous construisez une nouvelle maison, assurez-vous de conserver votre terre de surface en la repoussant au fond du terrain avant le début de la construction. Vous pourrez ainsi vous en servir lorsque le moment sera venu de faire l'aménagement paysager.

DIAGNOSTIC DU SOL

Faites d'abord une analyse complète du sol pour savoir si vous avez des déséquilibres minéraux importants (surtout en phosphore, potasse et calcium) ou si le pH est trop acide. Cependant, ne vous fiez pas seulement à l'analyse, qui a ses limites. Voyez le chapitre sur l'évaluation du sol. Observez la texture et la structure du sol, ainsi que les « mauvaises herbes » qui peuvent vous donner une bonne idée de la situation également.

Vérifiez surtout le pH et appliquez la quantité de chaux nécessaire pour rétablir le taux d'acidité entre 6,5 et 7,5 (voyez le tableau page 27). La correction du pH donne souvent à elle seule des résultats spectaculaires sur la végétation et de nombreuses plantes indésirables disparaîtront d'elles-mêmes.

Attendez au moins deux semaines avant de semer lorsque vous avez appliqué de la chaux.

PRÉPARATION DU SOL

Vérifiez le drainage du terrain et installez, au besoin, un drain souterrain pour éliminer l'eau dans les dépressions. Corrigez les inégalités indésirables et ménagez une légère pente en vous éloignant de la maison. Cependant, il n'est pas toujours nécessaire de niveler comme un terrain de football : une pelouse légèrement vallonnée peut être fort intéressante, mais évitez les « bosses » qui seront difficiles à tondre. D'autre part, vous pouvez aménager un endroit humide en un magnifique bassin d'eau en accentuant la dépression et en profitant du mauvais drainage. Sélectionnez également les endroits où vous voulez installer des parterres de fleurs ou des couvre-sols. Il s'agit de faire des choix avant de mettre de la pelouse sur toute la superficie du terrain, vous économiserez ainsi bien des semences et des maux de dos pour enlever la pelouse dans les endroits inutiles.

Ensuite, s'il y a une vieille pelouse à détruire, le meilleur appareil à utiliser est un « rotadairon » qui pulvérise la végétation existante et nivelle de façon telle que vous pouvez semer tout de suite après. Avec un motoculteur ordinaire, vous obtiendrez une surface très inégale et vous serez obligé d'ajouter un peu de terre de surface avant de semer. Le rotadairon est encore assez difficile à trouver en location, mais c'est un appareil qui a de l'avenir car la plupart des entrepreneurs décapent les vieilles pelouses avec la terre de surface qui est pourtant très riche, pour la remplacer par des mélanges de sol pauvre.

À défaut, passez le motoculteur et ajoutez 10 cm d'un bon mélange de terre à gazon qui s'étend facilement. Utilisez un mélange contenant environ 50 à 70 % de sable, 15 à 25 % de limon argileux et 5 % de compost. Si le sol existant est déjà sablonneux, on ajoutera un mélange plus limoneux pour permettre au sol de conserver l'humidité et les minéraux. Si le sol est argileux, vous pourrez mettre un mélange plus sablonneux. Ajoutez de la chaux au besoin (en fonction de l'analyse).

Terminez par l'épandage d'une bonne couche de compost (1 ou 2 cm) dans lequel vous aurez mélangé vos semences. Ou bien semez et recouvrez ensuite d'une fine couche de compost.

Je préfère ajouter du compost commercial plutôt qu'un compost domestique car le compost fabriqué à grande échelle subit une élévation de température uniforme (65 °C) qui détruit la plupart des semences et des maladies potentielles. De plus, il est finement tamisé et facile à étendre. Vous pouvez parfois en acheter en vrac chez certains fournisseurs, mais voyez à ce qu'il soit bien mûr : il faut que cela ressemble à un terreau. Vous en trouverez aussi en sacs dans toutes les jardineries. Si vous voyez l'inscription « fumier de mouton ou de bovin », sachez que c'est du fumier composté et non du fumier frais évidemment, c'est excellent[5].

SEMIS

Il est beaucoup plus long d'établir une nouvelle pelouse par semis, mais c'est beaucoup moins coûteux et cela peut vous donner une pelouse beaucoup plus intéressante, car elle sera mieux adaptée aux besoins de votre terrain.

UNE NOUVELLE PELOUSE

Passez le motoculteur pour détruire la végétation existante.

Étendez un mélange de terre à gazon en surface pour niveler les inégalités.

Ou utilisez un rotadairon qui pulvérise finement la végétation existante et combine les deux étapes précédentes.

Égalisez bien la surface au râteau.

Ensemencez la surface préparée avec un épandeur à semences.

Ratissez légèrement pour enfouir les semences.

Ou mélangez les semences avec un peu de terre de surface et étendez à la volée.

Ou encore mieux : recouvrez les semences avec une fine couche de compost au moyen d'un épandeur manuel ou motorisé.

Quelques semaines plus tard : la pelouse est déjà bien installée.

Vous pourrez ensemencer séparément les endroits mi-ombragés et ensoleillés avec les mélanges appropriés. Les différentes variétés s'établiront donc en fonction des conditions de votre terrain pour vous donner une pelouse vraiment sur mesure.

Voyez le chapitre suivant pour des informations sur les différentes sortes de gazon et les mélanges les plus appropriés.

Pour semer, utilisez un épandeur mécanique pour une distribution uniforme des semences sur une grande surface, passez dans les deux sens pour plus d'uniformité. Recouvrez légèrement les semences avec un râteau en éventail. Ensuite, il suffit de garder le sol humide jusqu'à la germination. Arrosez régulièrement dans les semaines qui suivent. Ne coupez pas le gazon avant qu'il ait atteint 10 cm et utilisez une lame bien aiguisée. Et soyez patients, certaines espèces mettent beaucoup de temps à germer (jusqu'à quatre semaines).

Le printemps et la fin de l'été sont les meilleures périodes pour semer du gazon. Personnellement, je préfère la période du 15 août à la fin de septembre car il fait généralement beaucoup plus humide qu'au printemps. Les journées sont encore chaudes et les nuits fraîches, des conditions idéales pour que le gazon germe et s'établisse bien avant d'affronter l'hiver et surtout de subir la chaleur de l'été suivant.

Le choix des espèces est extrêmement important selon l'ensoleillement et l'utilisation du terrain : sera-t-il soumis à une circulation intense ou marcherez-vous dessus uniquement pour le tondre ? Cela vaut la peine d'acheter un mélange qui résiste au piétinement (voyez le chapitre suivant) si vous avez beaucoup d'enfants qui jouent sur la pelouse. Par ailleurs, si vous voulez travailler moins fort, optez pour un mélange à entretien minimum !

Conservez vos sacs de semences dans un endroit sec et frais et ne les gardez pas plus de deux ans. Faites vos achats dans un centre spécialisé en jardinage, qui possède un bon choix et qui renouvelle ses stocks régulièrement.

GAZON EN PLAQUES

Si vous voulez une solution plus rapide, le gazon en rouleaux est la solution facile. Cependant, il faut savoir que ce type de gazon est composé essentiellement de pâturin des prés qui est très exigeant et ne tolère pas l'ombre. De plus, ce genre de gazon a été cultivé à grand renfort de produits chimiques et vient souvent avec une épaisse couche de feutre en prime.

Installez les plaques de gazon en quinconce et roulez la surface.

Ceci dit, le gazon en plaques procure un effet immédiat très satisfaisant et une surface très dense qui prévient l'apparition de plantes que vous n'aimez pas. Si votre terrain est bien ensoleillé, que votre sol a été bien préparé et que vous suivez les méthodes écologiques pour entretenir votre nouvelle pelouse, vous obtiendrez un excellent résultat.

Installez vos plaques en alternant les bandes sur le terrain bien préparé. Passez un rouleau rempli d'eau pour bien faire adhérer les plaques au sol. Arrosez abondamment et régulièrement, s'il ne pleut pas, jusqu'à ce que les plaques soient bien enracinées.

Sur les talus, il sera nécessaire de fixer les plaques avec des petits piquets de bois. Évitez de recouvrir les surfaces ombragées avec du gazon en plaques, semez plutôt un mélange de gazon pour la mi-ombre ou placez-y un couvre-sol, du paillis ou des fleurs qui tolèrent l'ombre.

CHAPITRE 6

LES DIFFÉRENTES ESPÈCES **DE GAZON**

Chaque espèce de gazon a des caractéristiques propres : densité, couleur, résistance à la sécheresse, à l'ombre, rusticité, etc. Vous pouvez donc choisir un mélange adapté à votre milieu particulier, mais il vaut mieux semer plusieurs espèces ensemble, de façon à combiner différentes caractéristiques et à éviter que votre pelouse ne succombe à un problème propre à une espèce. La sélection naturelle éliminera celles qui ne conviennent pas à tel endroit de façon à laisser la place aux plus résistantes. Notez qu'il n'y a aucune sorte de gazon qui pousse à l'ombre dense, je parlerai donc plutôt d'espèces de mi-ombre. Utilisez des couvre-sols pour les espaces vraiment très ombragés.

Certains cultivars sont réputés pour leur résistance aux parasites et/ou aux maladies. Cependant, il ne faudrait pas se précipiter sur ces variétés nouvelles et négliger les moyens préventifs pour éviter ces problèmes-là. N'oubliez pas que les infestations ne sont que des symptômes. Si vous semez la bonne espèce au bon endroit et que vous utilisez des produits et des méthodes écologiques d'entretien, il ne devrait pas y avoir de prolifération de parasites ou de maladies.

Par ailleurs, certaines semences contiennent maintenant des mycorhizes. Ce sont des champignons microscopiques qui se développent en association avec les racines et leur permettent de décupler l'absorption de l'eau et des éléments nutritifs. Ce sont comme des extensions des racines. C'est excellent !

CARACTÉRISTIQUES DES HERBES À PELOUSE LES PLUS COMMUNES

Les espèces décrites ci-dessous sont adaptées à un climat froid ou tempéré. Ce sont surtout des graminées, mais j'ai également inclus des légumineuses qui sont d'excellentes compagnes pour les graminées car elles sont fixatrices d'azote et donnent une texture naturelle à la pelouse. Pour plus de précision, commençons par quelques définitions :

- **Herbe** : ensemble des plantes herbacées diverses formant une végétation naturelle.
- **Gazon** : herbe courte et fine ou terrain recouvert de gazon.
- **Pelouse** : terrain planté d'une herbe courte et dense, d'un gazon régulièrement tondu.
- **Graminée** : plante herbacée, ayant des

feuilles minces avec des nervures parallèles et de minuscules fleurs en épi. Exemples : herbes des prairies, roseaux, céréales.

- **Légumineuse** : plante dont le fruit est une gousse, exploité comme légume, fourrage ou pour l'ornement. Exemples : haricots, luzerne, trèfle, etc.

Dans la suite du texte, j'utiliserai indifféremment les termes « herbe » ou « gazon » et je considère que les légumineuses que je décris ici sont suffisamment « fines » pour faire partie d'une belle pelouse.

Agrostides (*Agrostis* spp.) Bentgrass

Graminées qui produisent des stolons et forment un tapis dense aux brins fins qui peuvent être coupés très courts, ce qui est fort apprécié sur les verts de golf. Elles sont très résistantes au froid. La plupart des variétés sont très sensibles à la sécheresse et demandent des arrosages constants Elles sont aussi très exigeantes en engrais, forment facilement du feutre et sont très sensibles aux maladies. Ce n'est pas une espèce recommandée pour une pelouse écologique car elle demande trop de soins.

Fétuque élevée *(Festuca arundinacaea)* Tall Fescue

Graminée aux brins assez larges et qui forme des touffes. Avec son système radiculaire agressif et profond, la fétuque élevée a une très bonne résistance à la sécheresse et à la chaleur. Elle pousse en plein soleil ou à la mi-ombre et est peu exigeante en engrais. Elle tolère l'acidité et les sels de déglaçage. Comme elle supporte très bien le piétinement, elle est souvent utilisée pour les terrains sportifs, mais son apparence grossière ne lui affire pas la faveur des jardiniers. Plusieurs cultivars contiennent des endophytes (voir page 55) qui les rendent résistants à certains insectes. Malheureusement, elle ne résiste pas très bien au froid ni aux maladies.

Fétuque rouge traçante (*Festuca rubra* ssp. rubra) Creeping Red Fescue

Graminée aux brins très fins et d'une belle couleur bleu-vert, la fétuque rouge traçante forme des rhizomes courts. Elle tolère bien les sols secs ou sableux. Elle aime un ensoleillement modéré ou mi-ombragé. Par contre, elle ne tolère pas les sols humides et trop fertiles et résiste mal au piétinement. Elle possède une très bonne résistance au froid et elle est peu exigeante en engrais. Elle tolère également l'acidité et le sel. Elle est largement utilisée dans les mélanges à pelouses standards, pour sa capacité à prospérer à la mi-ombre. Certains cultivars contiennent des endophytes (voir page 55) qui les rendent résistants à certains insectes.

Fétuque de Chewing ou gazonnante
(*Festuca rubra* ssp. *commutata*) Chewing's Fescue

Cette fétuque fine est similaire à la fétuque rouge traçante, mais elle ne forme pas de rhizomes et pousse en touffes. Elle requiert peu d'entretien car elle pousse lentement et elle est peu exigeante en engrais. Elle tolère bien la mi-ombre et la sécheresse, mais exige un bon drainage. On l'utilise surtout pour les terrains à entretien minimal car elle se couche au sol pour former un tapis qu'on n'a presque pas besoin de tondre. Plusieurs cultivars contiennent des endophytes.

Fétuque durette *(Festuca trachyphylla)* Hard Fescue

Une autre fétuque fine semblable à la fétuque rouge traçante mais qui pousse en touffes. C'est la meilleure fétuque pour les sols pauvres, la mi-ombre et la sécheresse. Plusieurs cultivars contiennent des endophytes.

Ivraie ou ray-grass vivace *(Lolium perenne)* Perennial Rye-grass

Graminée qui germe très rapidement (cinq à huit jours) en formant des touffes. Elle est plus connue sous le nom de ray-grass. Elle est utilisée dans la plupart des mélanges à gazon pour protéger les autres espèces plus lentes à germer. Elle pousse en plein soleil ou à la mi-ombre, mais elle est assez peu résistante à la sécheresse. L'ivraie résiste très bien au piétinement et tolère le sel; malheureusement, elle ne supporte pas très bien les hivers rigoureux et il faut la réensemencer souvent pour qu'elle persiste dans la pelouse. Plusieurs cultivars contiennent des endophytes.

Lotier corniculé *(Lotus corniculatus)* Birdsfoot-Trefoil

Petite légumineuse vivace à tiges ramifiées et au feuillage délicat à cinq folioles. Le lotier produit de petites fleurs d'un jaune brillant groupées par cinq ou six. Ses racines profondes lui permettent de très bien résister à la sécheresse. Le lotier prend au moins deux ans avant de bien s'établir. Il est très rustique et se marie bien aux graminées. Il enrichit le sol en azote et il est donc idéal pour les pelouses à entretien minimal.

Mil ou phléole des prés *(Phleum pratense)* Thimothy

Le mil est une plante très robuste, très tolérante à l'acidité et au froid, à germination rapide. On s'en sert surtout comme graminée fourragère, mais elle est utilisée aussi dans plusieurs mélanges pour stabiliser les sols et beaucoup de gens l'utilisent à la campagne en association avec d'autres herbes rustiques. Elle ne requiert pas de coupes fréquentes, mais il faut la couper haut (10-15 cm). Son défaut principal, cependant, c'est que les brins d'herbes sont très larges. Lorsqu'on la coupe, les tiges dures sont douloureuses sous les pieds nus et ce n'est donc pas une espèce recommandée pour des pelouses urbaines.

Pâturin des prés ou du Kentucky *(Poa pratensis)*
Kentucky Bluegrass

Très belle graminée qui forme un gazon dense et uniforme et qui se propage rapidement par rhizomes. Cette caractéristique lui permet de former des tapis végétaux à la trame serrée qui sont vendus en rouleaux (le gazon en plaques). C'est l'espèce la plus utilisée dans les pelouses. Elle prospère bien au soleil ou à la mi-ombre. Elle est exigeante en eau, mais elle peut survivre en période de sécheresse grâce à ses rhizomes. Le gazon jaunit et tombe alors en dormance, mais redevient vert au retour de la pluie. C'est une espèce qui tolère bien le piétinement et qui résiste bien aux rigueurs de l'hiver. Par contre, elle est lente à s'établir (21 à 28 jours pour la germination) et elle est exigeante en engrais. Sa rapidité à produire des rhizomes peut engendrer un excès de feutre si les conditions sont favorables. Plusieurs cultivars sont reconnus pour être résistants aux parasites ou aux maladies et certains sont moins exigeants en engrais.

Pâturin commun *(Poa trivialis)* Canada Bluegrass

Graminée d'un vert pâle et brillant qui forme des stolons. Le Pâturin commun se plaît à la mi-ombre dans les endroits humides. Très résistant au froid, mais très sensible à la sécheresse, à la chaleur et au piétinement. Il est utilisé dans les mélanges pour la mi-ombre humide, mais sa couleur pâle ne le rend pas très populaire.

Trèfle blanc *(Trifolium repens)* White Clover

Légumineuse vivace et vigoureuse à trois folioles, ornée de petites fleurs blanches. Le trèfle était vendu autrefois dans tous les mélanges de gazon pour sa capacité à fixer l'azote de l'air. Il forme des pelouses très denses et autonomes, sans soucis, qui tolèrent bien la sécheresse. Il germe rapidement, mais est assez lent à s'établir solidement et ne supporte pas le piétinement intensif. Le trèfle blanc pousse en plein soleil ou à la mi-ombre et est rustique. Il peut être utilisé seul ou en mélange avec les graminées pour une pelouse à entretien minimal.

Herbes à pelouse les plus communes

Herbes à gazon	Apparence	Forme végétative	Rusticité	Résistance à la sécheresse	Résistance au piétinement	Éclairage	Rapidité à s'établir
Agrostides	brins très fins vert vif	rhizomes	très élevée	faible	moyenne à faible	soleil	moyenne à lente
Fétuque de Chewing	brins fins	touffes	bonne	bonne	faible	mi-ombre ou soleil	moyenne
Fétuque durette	brins très fins	touffes	bonne	très bonne	faible	mi-ombre ou soleil	moyenne
Fétuque élevée	gros brins vert pâle	touffes	assez faible	élevée	très bonne	mi-ombre ou soleil	moyenne
Fétuque rouge traçante	brins très fins vert moyen	rhizomes courts	élevée	bonne	faible	mi-ombre ou soleil	moyenne
Ivraie (ray-grass)	brins moyens vert moyen à foncé	touffes	faible	moyenne à faible	bonne	mi-ombre ou soleil	très rapide
Lotier corniculé	5 petites folioles fleurs jaunes	touffes	bonne	très élevée	faible	soleil	très lent 2 ans
Pâturin commun	vert clair	stolons	élevée	très faible	faible	mi-ombre	moyenne
Pâturin du Kentucky	brins fins vert vif	rhizomes	élevée	modérée	moyenne à élevée	soleil	moyenne à lente
Trèfle blanc	3 folioles fleurs blanches	port rampant	bonne	élevée	faible	mi-ombre ou soleil	lente

Endophyte

Endophyte signifie littéralement « dans la plante ». Les endophytes sont généralement des champignons microscopiques qui vivent à l'intérieur de certaines plantes et qui produisent des substances répulsives pour certains insectes. Plusieurs espèces de gazon, comme l'ivraie et les fétuques, sont inoculées avec des endophytes qui les rendent en quelque sorte peu appétissantes pour les parasites. Ce genre d'entraide s'appelle de la symbiose : le champignon profite de la plante et la plante profite du champignon. Par contre, les endophytes peuvent causer des problèmes digestifs aux animaux herbivores. Si vous n'avez pas de moutons sur votre pelouse, cela ne pose pas de problème !

... suite

Herbes à gazon	Vitesse de croissance	Exigences quant au sol	Exigence en engrais	Tendance au feutre	Tendance aux maladies	Utilisation
Agrostides	rapide	frais fertile	élevée	élevée	très élevée	verts de golf terrains humides
Fétuque de Chewing	lente	sol pauvre bon drainage	faible	faible	modérée à faible	entretien minimal mi-ombre
Fétuque durette	lente	très faibles	nulle	faible	modérée à faible	entretien minimal mi-ombre
Fétuque élevée	rapide	faibles	faible à modérée	faible	modérée	entretien minimal terrains sportifs
Fétuque rouge traçante	lente	tolérance au sel, à l'acidité	faible	élevée	modérée à faible	mi-ombre/sec
Ivraie (ray-grass)	rapide à moyenne	sol fertile	élevée	faible	élevée	terrains sportifs plante abri
Lotier corniculé	lente	très faibles	nulle	nulle	très faible	entretien minimal
Pâturin commun	moyenne	frais, humide	faible	faible	modérée	mi-ombre humide
Pâturin du Kentucky	moyenne	frais, fertile, bien drainé	modérée à élevée	moyenne à élevée	modérée	pelouses standards tourbe/sports
Trèfle blanc	lente	très faibles	nulle	nulle	très faible	entretien minimal

Dans ces endroits ombragés, on veillera à choisir un mélange de mi-ombre.

Les proportions sont variables d'après les compagnies et les usages. Un mélange « de soleil » de haute qualité contiendra plus de pâturin des prés. Un mélange « d'ombre » aura plus de fétuque rouge, mais il faudrait plutôt parler de mélange de « mi-ombre ».

À l'ombre humide, on ajoutera plutôt du pâturin commun. Les mélanges bon marché contiennent beaucoup d'ivraie car c'est une grosse semence peu coûteuse qui remplit vite un sac, mais elle est quand même présente dans tous les mélanges car elle germe en une semaine et protège les autres semences en attendant qu'elles lèvent.

Je recommande toujours de vérifier le pourcentage des différentes espèces dans les mélanges pour savoir ce qu'on achète. Malheureusement, certaines compagnies ne l'indiquent plus sur les sacs car ils ne peuvent pas garantir ces pourcentages, tout comme ils n'indiquent plus les cultivars, car cela évolue très vite et cela change d'une année à l'autre.

Ce qui est certain, c'est que le pâturin des prés domine dans les mélanges « haut de

MÉLANGES À GAZON

Le mélange de semences le plus répandu contient les trois espèces suivantes :

- Pâturin des prés (ou Kentucky)
- Fétuque rouge traçante
- Ivraie vivace (ray-grass)

L'ivraie est la première à lever dans un mélange.

Une nouvelle pelouse ensemencée avec un mélange à entretien minimum.

Un mélange de mil et trèfle, assez répandu à la campagne mais qui donnera un gazon assez dur sous les pieds nus !

gamme » les plus vendus. Or, cette plante exige un sol très fertile et beaucoup d'engrais, il a souvent mauvaise mine sur les terrains pauvres et mal préparés ou lorsque les gens n'ont pas beaucoup de temps pour s'occuper de leur gazon. Étant donné que la majorité des pelouses sont posées sur des sols d'excavation et que la plupart des gens n'ont pas beaucoup de temps, je recommande de plus en plus les mélanges à **entretien minimum qui contiennent des plantes beaucoup moins exigeantes et qui font économiser de l'engrais :**

- Fétuque durette
- Fétuque gazonnante ou de Chewing
- Trèfle blanc
- **Lotier corniculé** (très rare dans les mélanges, il faut donc l'acheter séparément).

C'est une bonne idée de choisir un mélange qui contient aussi un peu de pâturin des prés car c'est quand même une graminée très résistante au piétinement et au froid et elle se répand rapidement à cause de ses rhizomes agressifs lorsque les conditions lui conviennent. Pour les terrains de sport, c'est un incontournable !

À la campagne, on utilise souvent des mélanges contenant du mil accompagné de trèfle rouge et blanc qui germe très rapidement. Il faut savoir cependant que le trèfle rouge pousse très haut, tout comme le mil qui est désagréable sous les pieds nus car ses tiges sont très dures. Je ne le recommande pas autour de la maison, mais c'est parfait pour de grands terrains fauchés occasionnellement et qui ne requièrent aucun engrais ni arrosage.

CHAPITRE 7

LES TRAVAUX SAISONNIERS **OU DE RÉGÉNÉRATION**

La plupart des travaux que je vais décrire ici seront généralement effectués pour rajeunir ou améliorer une pelouse abîmée, mais ils sont très bénéfiques également sur les pelouses très utilisées, ce qui est souvent le cas, n'est-ce pas ? La pelouse n'est pas faite seulement pour être admirée de loin ! Certains travaux demandent beaucoup d'énergie, comme l'aération et le terreautage, mais ils pourront être espacés au fur et à mesure que la pelouse s'améliore ou subit moins de piétinement. Il faut en général deux ans pour régénérer une pelouse mal en point. Mais si votre pelouse est déjà bien vigoureuse, même avec des produits chimiques, la transition vers des méthodes écologiques peut ne prendre que quelques semaines.

Si la pelouse est vraiment en piteux état (terre mal préparée, trop pauvre ou compactée), il vaut parfois mieux repartir à zéro, comme pour établir une nouvelle pelouse. Cependant, les résultats sont surprenants quand on suit les étapes décrites dans ce chapitre.

Rénovation d'une pelouse bien mal en point, avant les travaux...

... et deux semaines après.

Le meilleur moment pour effectuer tous ces travaux est au printemps (avril/mai) ou mieux : à la fin de l'été (fin août/septembre), lorsque la végétation est vigoureuse et que le sol est légèrement humide. Au printemps, la chaleur s'installe parfois très rapidement et risque de compromettre vos chances de succès, surtout pour les semis, mais cela dépend des années.

DIAGNOSTIC DU SOL

Comme pour une nouvelle pelouse, il faut d'abord faire une évaluation de la situation :

- Observez la pelouse : le gazon est-il pâle ou clairsemé ?
- Y a-t-il beaucoup de plantes indésirables ? Voyez les photos des plantes indicatrices aux pages 31 à 35.
- Essayez d'enfoncer un crayon dans la pelouse à une profondeur de 10 ou 15 cm. Si vous n'y arrivez pas facilement, le sol est compacté. Voyez la section aération ci-contre.

Essayez d'enfoncer un petit bâton dans la pelouse à une profondeur de 10 cm environ. Si vous n'y arrivez pas facilement, le sol est compacté et une aération s'impose.

- Avez-vous l'impression d'enfoncer dans la pelouse lorsque vous marchez dessus ? Si oui, vous avez peut-être trop de feutre. Voyez la section défeutrage.
- Faites faire une analyse de sol complète si vous ne l'avez jamais fait, ou au moins une analyse de pH.

AJUSTEMENT DU PH

Corrigez le pH en fonction des résultats de votre analyse, soit avec de la chaux pour augmenter le pH ou, exceptionnellement, avec du soufre pour faire baisser le pH. Voyez le tableau à la page 27 pour les quantités. La chaux agit lentement et vous ne verrez pas de résultats immédiats, mais son effet est assez durable. La cendre de bois peut remplacer la chaux mais ne doit être appliquée qu'après le dégel du sol, car elle est très soluble et se perdrait dans les égouts.

AÉRATION

Si le sol est très compacté, une aération mécanique pourra remédier à la situation. Le compactage est un problème fréquent sur les pelouses, surtout sur les terrains de jeux et les sols argileux. En Europe, l'aération est beaucoup moins pratiquée sur les terrains résidentiels qu'en Amérique du Nord et un terreautage pourra avoir un effet similaire, comme on le verra plus loin. Les espaces d'air sont indispensables pour permettre aux racines de respirer et de s'étendre.

Lorsque le sol est compacté, ces espaces sont écrasés et les racines demeurent en surface, ce qui rend la pelouse plus sensible à la sécheresse. D'autre part, l'eau ne peut pas s'écouler facilement dans un sol compact, elle reste en surface et cela favorise les maladies.

Un aérateur manuel est très pratique pour les petites surfaces.

Vous pouvez acheter des sandales cloutées pour aérer la pelouse, mais c'est assez difficile à porter et très long pour aérer efficacement !

Louez un aérateur motorisé qui enlève des carottes de terre.

L'aération permet également une meilleure pénétration des engrais et une activité optimale des organismes vivants qui aident la décomposition du feutre.

Sur de petits terrains, vous pouvez utiliser un aérateur manuel : sorte de fourche avec des dents creuses que vous enfoncez dans le sol à intervalles réguliers de façon à en retirer des « carottes » de terre. Je trouve que c'est un outil très pratique qui permet de répéter l'opération plusieurs fois par an dans les endroits problématiques. On vend aussi des semelles cloutées, dans certains magasins spécialisés, mais il me semble que cela ne fait pas des trous bien larges qui risquent de se boucher très rapidement.

Pour les grands terrains, vous pouvez louer un appareil motorisé, mais n'utilisez pas les rouleaux à clous qui ne font qu'augmenter le compactage. Attention, si vous avez un dos fragile, faites appel à une compagnie spécialisée, car les aérateurs motorisés sont des appareils très lourds et encombrants qui sont difficiles à transporter.

Une bonne aération doit être faite dans les deux sens du terrain. Il n'est pas nécessaire de ramasser les carottes de terre, car elles se désagrègent facilement sur la surface, mais parfois il sera nécessaire de le faire lorsque le sol est très argileux. Complétez l'opération avec une application de compost qui pénétrera facilement dans les trous (voyez : fertilisation et terreautage). Dans un sol très lourd, mal drainé ou soumis à un piétinement intense, vous pouvez incorporer un sable grossier pour améliorer les conditions du sol.

Le sol va s'améliorer petit à petit, après quelques années, et vous pourrez espacer l'aération ou même l'éliminer, surtout lorsque les enfants grandissent et jouent moins dehors. Dites-vous bien aussi que les vers de terre sont les meilleurs aérateurs qui soient si vous les nourrissez bien (compost, rognures de gazon et feuilles mortes).

DÉFEUTRAGE (OU DÉCHAUMAGE)

Le feutre (aussi appelé chaume) est formé essentiellement par une couche de rhizomes et de stolons qui s'accumulent sous le gazon sain. Le gazon coupé n'est pas en cause ici, car c'est un matériel qui se décompose très rapidement, alors que le feutre est constitué de matériel plus fibreux. Une petite épaisseur de feutre (0,5 à 1,5 cm) est normale et même bénéfique, car elle nourrit les organismes décomposeurs, retient l'eau et protège la pelouse contre la sécheresse. Cependant, lorsqu'il y a trop de feutre (plus de 1,5 ou 2 cm), l'herbe a tendance à s'enraciner dans cette couche plutôt que dans le sol, ce qui la rend plus sensible à la sécheresse et aux maladies. De plus, c'est un abri de choix pour toutes sortes de parasites. Lorsqu'on marche sur une pelouse qui a une épaisse couche de feutre, on a l'impression d'enfoncer dans un matelas.

Le surplus de feutre est un problème lié étroitement à de mauvaises pratiques :

- **Les engrais chimiques acidifient le sol, rendant ainsi la décomposition, des matières organiques plus difficile. Les engrais naturels, au contraire, activent la décomposition ce qui prévient l'accumulation de feutre.**
- **L'excès d'azote soluble accélère la croissance plus vite que les organismes décomposeurs ne peuvent travailler.**
- **Le ramassage systématique du gazon coupé enlève de la nourriture aux organismes décomposeurs qui alors disparaissent.**
- **Les insecticides peuvent nuire aux organismes décomposeurs dans le sol.**

L'organisme Nature-Action Québec a fait le suivi d'une trentaine de pelouses résidentielles pendant deux ans et y a effectué une étude comparative sur les vers de terre. Les résultats ont démontré qu'il y avait plus de vers et plus d'espèces différentes sur les pelouses qui n'avaient pas reçu de produits chimiques au cours des dernières années[40].

Le défeutrage est donc une opération un peu absurde quand on pense que la nature a prévu des mécanismes pour nous éviter tout ce travail. Cependant, en période de transition, le défeutrage mécanique est la solution rapide pour régler un problème de feutre excessif. C'est un appareil muni de lames verticales qui coupent les rhizomes et pénètrent jusqu'au sol. Cela aère la couche de feutre et favorise sa décomposition. En Europe, on va parler de scarification de la pelouse et on en profite parfois pour sursemer.

Par contre, bien des gens utilisent des râteaux à déchaumer dans l'espoir de voir la pelouse reverdir plus vite au printemps. Cela constitue un traumatisme important pour une pelouse et qui arrache beaucoup de gazon sain, surtout lorsqu'il est effectué au printemps, sur un sol encore humide après la fonte des neiges.

Dans une pelouse en santé, pleine d'organismes décomposeurs et entretenue avec des produits et des méthodes écologiques, il n'y a pas d'excès de feutre car les engrais naturels et le compost stimulent les organismes vivants qui activent la décomposition, ce qui prévient l'accumulation de feutre. Si vous êtes en période de transition et que vous en avez une couche épaisse, appliquez un peu de compost en surface pour stimuler la vie du sol et activer la décomposition.

Le défeutrage ou déchaumage n'est pas indispensable : appliquez plutôt du compost pour favoriser la décomposition du feutre.

Attention ! Le nettoyage de printemps ne devrait pas être un déchaumage !

Beaucoup de gens confondent le gazon mort, qu'on trouve naturellement sur toutes les pelouses après l'hiver, avec le feutre, qui reste présent durant toute la saison dans la pelouse qui en est affectée. Le déchaumage mécanique d'une pelouse spongieuse au printemps arrache autant de gazon sain que de feutre et est à proscrire. Le gazon mort disparaîtra de lui-même avec le retour de la chaleur et l'activité des organismes décomposeurs. La quantité de matière organique qui se retrouve ainsi aux ordures tous les printemps est tout à fait inutile et désolante car elle enlève une protection très utile à la surface et prive les organismes du sol d'un plat fort apprécié en début de saison.

FERTILISATION

Contrairement à une prairie sauvage qui se suffit à elle-même, la pelouse peut avoir besoin d'amendements et d'engrais, surtout dans les premières années, car c'est quand même un milieu artificiel, composé de plantes exigeantes, qui sont soumises à des conditions difficiles, et nos attentes quant à a couleur et à la densité dépassent souvent ce que la nature est prête à nous donner. Par ailleurs, tous les sols ne sont pas naturellement propices à l'installation d'une pelouse. Il est donc évident qu'un apport de compost et d'engrais naturels peut être bénéfique pour répondre à nos besoins esthétiques concernant la pelouse, surtout lorsqu'elle ne contient que des graminées.

APPLICATION DE COMPOST (TERREAUTAGE)

Tout comme l'aération, le terreautage est une opération très importante pour régénérer une pelouse abîmée ou pour simplement la stimuler. Traditionnellement, le terreautage consistait à étendre une fine couche de terreau sur la pelouse ; cependant, les mélanges de terre contiennent souvent des semences de mauvaises herbes et n'ont pas autant de qualités que le compost.

L'apport de compost stimule les micro-organismes du sol tout en apportant de petites quantités d'éléments nutritifs et en améliorant la structure du sol. Un sol bien structuré pourra mieux retenir l'eau et les éléments nutritifs, il deviendra également plus poreux et permettra

Étendez une petite couche de compost à la volée et passez un râteau pour l'étaler et relever l'herbe.

aux racines de s'enfoncer plus profondément. Le terreautage permet de régler un problème mineur de feutre et est indispensable après une aération mécanique. Profitez-en pour réensemencer les espaces clairsemés.

Je vous suggère d'utiliser du compost commercial bien tamisé plutôt que votre compost domestique qui n'atteint généralement pas une température assez élevée (63 °C) pour éliminer les semences indésirables. Conservez votre compost pour le potager ou les plates-bandes, où les mauvaises herbes sont plus faciles à éliminer avec du paillis.

Appliquez le compost à la volée avec une pelle et faites pénétrer avec un râteau éventail ou le dos d'un râteau à jardin, en prenant soin de redresser les brins de gazon à travers la couche de compost. Vous pouvez aussi louer un terreauteur mécanique dans une

Louez un terreauteur mécanique.

Ou faites appel à une compagnie qui possède un terreauteur motorisé.

jardinerie et certains professionnels possèdent des modèles motorisés pour les grandes superficies.

On recommande d'étendre annuellement environ 0,25 à 0,50 cm de compost sur un gazon coupé court, soit environ 1 à 1,5 kg de compost par 100 m^2. Vous pouvez augmenter cette quantité pour une pelouse en très mauvais état, mais dans ce cas, il vaut mieux appliquer le compost en deux fois, au printemps et en automne, pour éviter d'étouffer le gazon. Si votre sol est très argileux, vous pourrez ajouter jusqu'à 50 % de sable au compost afin d'améliorer la texture du sol.

Après quelques années, le sol va s'améliorer considérablement et vous pourrez probablement diminuer les applications de compost ou même les suspendre si vous pratiquez d'autres méthodes écologiques d'entretien, comme le recyclage des rognures de gazon et des feuilles. N'est-ce pas merveilleux de travailler avec la nature ?

ENGRAIS NATURELS

Pour les pelouses, on se fie en général à la quantité d'azote requise par l'analyse pour savoir quelle quantité d'engrais mélangé il faut appliquer. Il est cependant très difficile d'avoir une idée précise du taux d'azote qui est nécessaire avec une analyse de sol, car c'est une substance très mobile. De plus, les besoins d'azote sont très variables d'une espèce de gazon à l'autre et un sol vivant contient des millions de bactéries capables de fixer l'azote atmosphérique. Si vous ajoutez aussi du compost, que vous laissez le gazon coupé au sol et que vous avez du trèfle dans la pelouse… il faut se demander si vous avez encore besoin d'engrais après tout.

Une seule application d'engrais naturel par an est suffisante, car ce sont des produits peu solubles.

D'après la revue *Organic Gardening,* le gazon coupé peut apporter de 30 à 50 % des besoins d'azote et il n'y a aucun danger d'étouffer la pelouse si vous procédez correctement. J'en reparlerai au chapitre suivant. Quant au trèfle, c'est une légumineuse dont les racines contiennent des petites nodosités remplies de bactéries fixatrices d'azote : une excellente plante compagne dans le gazon.

Les compagnies d'engrais chimiques suggèrent d'appliquer de 1 à 2 kg d'azote par an sur une pelouse de 100 m^2 où domine le pâturin des prés. Avec des engrais naturels, qui stimulent les mécanismes naturels de fertilité, les spécialistes recommandent de mettre des doses entre 0,5 et 1,5 kg d'azote par 100 m^2. Donc, si vous ne ramassez pas le gazon coupé et que vous mettez déjà du compost, vous pouvez appliquer moins de 1 kg d'azote par 100 m^2 au cours des deux premières années de transition vers une pelouse écologique.

Pour savoir combien de sacs d'engrais vous devez acheter, vous pouvez évidemment lire les instructions sur les sacs. Mais pour les forts en maths, voici un petit calcul rapide qui vous permettra de comprendre les doses requises. Le pourcentage d'azote, de phosphore et de potassium (N-P-K) est indiqué sur les sacs au moyen d'une formule à trois chiffres. Par exemple, si vous achetez un engrais 8-3-3, cela veut dire qu'il y a 8 % d'azote dans le sac. Pour obtenir 0,85 kg d'azote pour 100 m², vous aurez besoin d'environ 10,6 kg d'engrais. Donc, pour une pelouse de 300 m², achetez 31,8 kg d'engrais ou 2 sacs de 16 kg.

$\frac{100 \times 0,85}{8} = 10,6$ kg $10,6 \times 3 = 31,8$ kg

Comme les engrais naturels ne sont pas ou sont très peu solubles, ils durent plus longtemps et vous pouvez faire une seule application par année, au printemps ou en automne. Certaines compagnies écologiques qui font l'entretien à domicile appliquent cependant la même dose annuelle en deux ou trois fois, de façon à surveiller les problèmes éventuels par la même occasion.

Rappelez-vous que les éléments nutritifs des engrais naturels se libèrent lentement, avec l'action des micro-organismes du sol, et que vous verrez l'effet dans une ou deux semaines seulement. De plus, après quelques années,

Après quelques années d'entretien écologique (application de compost, terreautage), vous pourrez diminuer la quantité d'engrais sans affecter la beauté de votre pelouse car les organismes du sol stimuleront la croissance. Observez et expérimentez.

lorsque le sol devient de plus en plus riche et bien structuré, il ne sera peut-être plus nécessaire de fertiliser autant. Observez et expérimentez.

COÛT

La fertilisation d'une pelouse avec des engrais naturels coûte un peu plus cher que si vous utilisiez des engrais de synthèse, même si le prix au kilo est à peu près pareil car les produits chimiques couvrent de plus grandes superficies. Par exemple, au Québec en 2007, un engrais naturel coûte entre 1,67 et 1,87 $ le kilo et il faut entre 10 et 16 kg pour fertiliser 100 m^2 pour un an. Un engrais chimique coûte de 1,73 à 1,90 $ le kilo et il ne faut que 3 kg pour fertiliser 100 m^2, mais il faut répéter l'application au moins trois ou quatre fois par année. Donc l'application de produits naturels représente moins de travail et ne revient pas beaucoup plus cher, sinon moins. De plus, les frais diminuent au fur et à mesure que votre pelouse devient autonome, alors que les produits chimiques vous entraînent dans la dépendance. Par ailleurs, si vous laissez le gazon coupé au sol et que vous incorporez du trèfle dans la pelouse, il vous faudra beaucoup moins d'engrais ! Dans un cas comme dans l'autre, cela n'inclut pas les autres interventions comme l'aération, le terreautage, le déchaumage ou l'application de pesticides. Or, on sait que l'application exclusive d'engrais chimiques entraîne une acidification plus rapide du sol, des problèmes de feutre et de déstructuration, ainsi que des infestations fréquentes. Il faut donc appliquer des pesticides, de la chaux, éliminer le feutre excessif et aérer plus souvent qu'avec des engrais naturels. Tous ces coûts indirects doivent être ajoutés à la facture, sans compter les conséquences de la pollution et des problèmes de santé reliés à l'utilisation de pesticides. Il faut penser globalement et à long terme.

RÉENSEMENCEMENT OU SURSEMIS

Pendant le terreautage, ou tout de suite après, il faut réensemencer si vous voulez conserver un espace où dominent les herbes à pelouse et surtout si celle-ci était clairsemée. Les espèces qui forment des rhizomes, comme le pâturin, comblent rapidement les vides, mais d'autres espèces sont moins agressives, surtout dans les endroits ombragés. Le sursemis permet de rendre la pelouse plus dense et diminue par le fait même les risques d'avoir des plantes sauvages indésirables. Cette opération se fait soit au printemps, soit à la fin de l'été, après le terreautage. Vous pouvez également semer juste avant l'hiver (novembre), si vous n'avez pas eu le temps de le faire en septembre : les graines n'auront pas le temps de germer, mais lèveront de très bonne heure au printemps. Cela s'appelle : faire un semis en dormance.

À la mi-ombre, il faut semer davantage de fétuque rouge, alors que sur un terrain

Réensemencez rapidement les endroits dégarnis afin d'éviter que des plantes opportunistes ne s'y installent.

ensoleillé, le pâturin des prés dominera généralement dans le mélange. Cependant, n'oubliez pas que le pâturin est une plante très exigeante. Si vous voulez moins de tracas, choisissez un mélange à entretien minimum qui contient du trèfle. Dans tous les cas, semez un mélange plutôt qu'une seule espèce. De cette façon, il y en aura toujours une qui pourra prendre la relève lorsque les conditions de lumière ou de température se modifieront. Voyez le chapitre sur les différentes herbes à gazon pour connaître les caractéristiques de chaque espèce et choisissez un mélange adapté à votre milieu.

RECYCLAGE DES FEUILLES MORTES

Le ramassage et l'élimination de tonnes de feuilles mortes en automne constituent une corvée pour les jardiniers et des coûts astronomiques pour les municipalités. En Europe, plusieurs villes sont passées à la taxe proportionnelle des matières résiduelles : c'est-à-dire que chaque sac d'ordures coûte environ 2 €. Les sacs de recyclage sont transparents et gratuits. Il en résulte une diminution spectaculaire des déchets et une augmentation proportionnelle du recyclage. Bien sûr, vous pouvez composter les feuilles ou les utiliser comme paillis dans les plates-bandes. Mais le plus simple, c'est encore de les recycler à même la pelouse, si vous n'en avez pas trop bien sûr.

Les feuilles constituent une source de minéraux et de matière organique très appréciable qui peut même remplacer les apports de compost, un peu laborieux il faut l'avouer. Le carbone contenu dans les feuilles mortes est un véritable carburant pour les organismes du sol. La meilleure façon de les recycler est de passer la tondeuse dessus aussitôt qu'elles tombent et pendant qu'elles sont encore sèches. C'est sans doute le moment de l'année où votre tondeuse vous sera le plus utile : l'idéal serait de tondre au moins trois fois pendant la chute des feuilles car il ne faut pas attendre d'en avoir trop en même temps. Si vous n'avez pas une tondeuse broyeuse, repassez plusieurs fois sur les feuilles pour les pulvériser finement.

Vous pouvez recycler les feuilles mortes directement sur la pelouse en automne, si vous y allez progressivement et sans excès.

L'élimination des feuilles en automne est très coûteuse !

Plusieurs villes européennes vendent des sacs spécialement identifiés pour les ordures ménagères au coût de 2 € l'unité ! À ce prix-là, pas question d'y mettre des feuilles mortes évidemment !

Lorsque vous avez trop de feuilles au même endroit, utilisez le sac de votre tondeuse de façon à pouvoir les récupérer tout en les déchiquetant. Vous pouvez alors les éparpiller dans les endroits où vous n'avez pas d'arbres, les utiliser comme paillis dans les plates-bandes ou les garder près de votre boîte à compost, car vous en aurez besoin pendant toute l'année pour absorber les odeurs et l'humidité de vos déchets de cuisine.

Si vous avez tellement de feuilles que vous ne savez plus qu'en faire, c'est probablement que vous avez beaucoup d'arbres et sans doute très peu de lumière pour avoir une belle pelouse. Pourquoi ne pas en naturaliser une partie en sous-bois ? J'y reviendrai un peu plus loin.

LES TRAVAUX **DE ROUTINE**

CHAPITRE 8

COUPE DU GAZON

À QUELLE HAUTEUR FAUT-IL COUPER ?

Avec les changements climatiques que nous subissons partout dans le monde, nous connaissons des extrêmes de température sans précédent. Les pluies diluviennes succèdent aux périodes de canicule qui ont des effets dévastateurs sur les pelouses coupées trop court.

Le gazon prend toute son énergie dans ses feuilles : plus la surface exposée à la lumière est importante, plus la plante est capable de faire de la photosynthèse et de produire des racines vigoureuses lui permettant de résister à la sécheresse. La coupe en soi est déjà un stress important pour une plante et il faut lui laisser autant de force que possible pour produire des racines profondes. Si en plus il fait chaud et sec, les effets d'une coupe rase peuvent être désastreux pour la pelouse.

Dans un climat continental aux étés secs, les spécialistes s'entendent pour recommander une hauteur de coupe à 7,5 cm environ, surtout en été. Dans un climat maritime, vous pouvez couper plus court (5 à 6,5 cm). Quoi qu'il en soit, un gazon long est beaucoup plus vigoureux, empêche la germination des herbes sauvages (appelées « mauvaises »), ombrage le sol et prévient sa déshydratation, favorise un enracinement plus profond et solide, ce qui donne une pelouse résistante à la sécheresse et aux parasites. Certains spécialistes recommandent même de couper

Le gazon coupé long (à droite) est beaucoup plus résistant à la sécheresse que celui qui est coupé court (à gauche).

Dans les pays au climat maritime, les gens peuvent couper le gazon assez court (5 cm) car il pleut tout le temps et la pelouse subit beaucoup moins de stress.

les pelouses sur lesquelles on ne marche pas, à 10 ou 12 cm de haut. Le problème, c'est que beaucoup de tondeuses à gazon ne peuvent pas couper aussi haut, mais les nouveaux modèles peuvent s'ajuster beaucoup plus.

Il semble qu'on ne peut pas tondre trop haut sur les terrains sportifs car cela nuit aux déplacements rapides. Il faut alors s'attendre à une pelouse plus sensible, qui demandera plus d'attention. Les terrains de compétition sont souvent équipés de systèmes d'arrosage sophistiqués.

La première coupe de la saison pourra être plus courte (5 cm) afin d'encourager le gazon à produire des pousses latérales. Vous pourrez faire de même pour la dernière coupe d'automne, afin d'éviter que le gazon trop long ne s'écrase au sol et ne favorise les maladies au printemps suivant.

En coupant haut (7,5 cm ou 3 pouces)

- Vous rendez le gazon plus résistant à la sécheresse et aux parasites.
- Vous économisez de l'engrais.
- Vous ralentissez la croissance du gazon.
- Vous réduisez les mauvaises herbes.

QUAND FAUT-IL COUPER LE GAZON ?

Coupez la pelouse régulièrement, soit environ une fois par semaine et de préférence en fin de journée ou par temps nuageux. Notez que les pelouses qui reçoivent des engrais chimiques poussent plus vite et doivent parfois être tondues deux fois par semaine, que de travail supplémentaire ! Vous couperez moins souvent avec des engrais naturels et il n'est pas obligatoire de tondre chaque semaine ! Durant l'été, vous pouvez espacer la coupe, car le gazon pousse moins vite. Ne coupez jamais pendant les canicules, alors que le gazon souffre déjà de la chaleur ; tout stress supplémentaire lui serait fatal. Profitez-en pour aller vous baigner. Ne coupez pas non plus le gazon lorsqu'il est mouillé, cela favorise les maladies et l'agglomération des rognures sous la tondeuse.

Ne coupez jamais votre pelouse en période de canicule.

Ne ramassez pas le gazon coupé: c'est un engrais pour la pelouse.

L'HERBICYCLAGE

Bien des gens croient que le gazon coupé favorise la production de feutre et empêche l'air et l'eau d'atteindre les racines. Cependant, c'est tout le contraire qui se produit: les rognures de gazon stimulent les organismes du sol qui auront tôt fait de décomposer tout ça et vous pourrez mettre moins d'engrais (de 30 à 50 % de moins d'après les spécialistes). Le feutre n'est pas constitué de rognures, mais de matériel plus fibreux, comme des rhizomes et des stolons.

D'autres estiment que le gazon fauché n'est pas très esthétique sur la pelouse après avoir passé la tondeuse. En réalité, les restes de coupe s'accumulent surtout sur les pelouses qui ne sont pas tondues assez souvent, qui poussent trop vite (parfois à cause des engrais chimiques) et dont le sol est devenu pratiquement inerte à cause des pesticides. Dans une pelouse riche en micro-organismes et coupée régulièrement, les rognures disparaissent très rapidement, surtout si vous utilisez une tondeuse qui broie le gazon sur place. Cela s'appelle: faire de l'herbicyclage!

Si le modèle que vous avez acheté rejette les rognures sur le côté, arrangez votre plan de coupe de façon à repasser avec la tondeuse sur le gazon coupé.

Si vous tenez à composter vos rognures de gazon, soyez prudents car elles produisent des odeurs d'ammoniac et de putréfaction plus que toute autre matière. Vous avez alors plusieurs options, décrites dans le livre *Tout sur le compost*[6]*:*

- **Mélangez chaque sac de gazon coupé avec deux sacs de feuilles mortes** (ou autre matière riche en carbone) pour contrôler les odeurs.
- **Laissez sécher les rognures de gazon sur la pelouse** avant de les mettre au compost, l'azote aura eu le temps de se volatiliser un peu dans l'air, sans causer de putréfaction.
- **Ajoutez seulement de petites quantités à la fois** dans le compost pour activer des matières riches en carbone.

En laissant le gazon coupé au sol

- Vous économisez au moins 30 % d'engrais
- Vous réduisez le volume de vos déchets
- Vous diminuez l'apparition de maladies potentielles
- Vous protégez le sol de la sécheresse
- Vous nourrissez les organismes bénéfiques du sol
- Vous gagnez du temps car vous ne devez pas remplir des sacs de gazon

Il semble qu'en Europe, beaucoup de gens ramassent le gazon coupé car ils ont l'habitude de tondre seulement à toutes les deux semaines. Il est évident qu'il y aura alors trop de rognures et que cela risque de nuire à l'apparence de la pelouse. Mais cela constitue un problème de déchets qui préoccupe de plus en plus de villes occidentales. Cela représente des coûts astronomiques et même le compostage est problématique. Que de main-d'œuvre et de coûts! Surtout quand on sait que tout cela pourrait enrichir la pelouse! Lisez donc ce qu'en pense le bon Dieu pour vous détendre (pages 76, 77)!

Ne rabattez pas la pelouse brusquement (comme après les vacances) pour éviter un choc à votre pelouse.

Saviez-vous que?

En Amérique du Nord, les propriétaires de pelouse jettent en moyenne de 8 à 12 m³ de gazon coupé par année[7] ! Tout cela aboutit encore au dépotoir dans la grande majorité des cas. Or, ce sont les matières putrescibles qui causent le plus de problèmes dans les sites d'enfouissement : ce sont elles qui produisent le méthane, un gaz à effet de serre, et le lixiviat, ce liquide qui passe à travers les déchets et qui pollue les nappes phréatiques.

Si vous avez trop de gazon coupé, il suffit de passer un râteau à gazon sur la pelouse. Laissez-le sécher avant de mettre au compost.

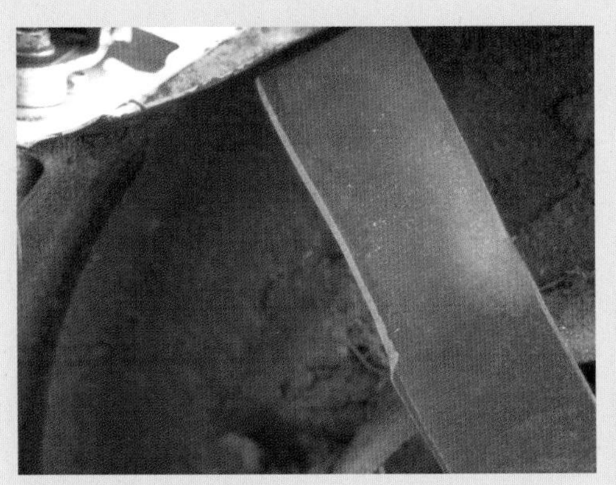

Une lame bien affûtée fait une coupe bien nette, au lieu de déchiqueter le brin d'herbe.

La tondeuse manuelle est très écologique et pratique pour les petits terrains.

AUTRES PETITS TRUCS

- Ne coupez pas plus du tiers de la hauteur à la fois, c'est beaucoup moins traumatisant pour la pelouse. Si le gazon est trop haut, rabattez progressivement la hauteur sur un ou deux jours, si votre tondeuse est capable de couper assez haut. Sinon… il faut engager quelqu'un pour couper la pelouse en votre absence !

- Gardez votre lame bien affûtée. Aiguisez-la plusieurs fois par année si possible, idéalement après huit heures d'utilisation, mais au moins une fois par an ou à toutes les 25 heures. Une lame bien aiguisée fait une coupe bien nette qui prévient l'apparition de maladies. Ne vous fatiguez pas à affûter votre lame vous-même. Cela ne coûte pas très cher de le faire faire par un spécialiste qui, par ailleurs, pourra veiller à ce que la lame soit bien équilibrée. En effet, si on aiguise trop d'un seul côté, la lame sera déséquilibrée et cela peut nuire à votre tondeuse.

TONDEUSES À GAZON

À propos des tondeuses à gazon, la plus écologique est sans doute la bonne vieille

Une tondeuse électrique est nettement moins polluante que les moteurs à deux temps. Ici un modèle à batteries.

Plusieurs modèles peuvent broyer les rognures si vous ajoutez simplement quelques accessoires.

tondeuse manuelle. Cependant, j'ai constaté que ces modèles coupent souvent le gazon assez court[8]. De plus, si vous avez plusieurs centaines de mètres carrés à tondre chaque semaine, ce n'est pas très réaliste et une tondeuse rotative motorisée ou électrique sera indispensable. Quand trouverons-nous une tondeuse silencieuse propulsée à l'énergie solaire à prix abordable ? En attendant, la tondeuse électrique est une option très écologique. Pour les grands terrains, il existe des tondeuses avec des batteries rechargeables qui sont très efficaces. Lorsque vous devez acheter un nouvel appareil, vérifiez si vous pouvez hausser suffisamment le niveau de la lame pour couper à 7,5 cm ou plus et choisissez un modèle qui déchiquette les rognures.

La plupart des appareils actuels sont munis d'un sac pour ramasser le gazon coupé. Vous n'en avez pas besoin. Par contre, vous pouvez vous procurer des accessoires pour broyer les rognures sur plusieurs modèles : ce sont des gadgets qui bouchent la sortie prévue pour éjecter le gazon coupé, de plus, une lame spécialement profilée est parfois prévue de façon à renvoyer les rognures sous l'appareil. Informez-vous sur ce genre d'équipement qui simplifie énormément la corvée de la tonte, réduit le volume de vos déchets et fertilise votre pelouse.

Attention ! Les tondeuses rotatives sont des appareils très dangereux : on rapporte plus de 60 000 blessures causées annuellement par des tondeuses aux États-Unis[9]. Portez de bonnes chaussures protectrices et ne laissez pas les enfants jouer aux alentours pendant que vous coupez le gazon. Les tondeuses blessent également beaucoup d'arbres mais ce sont les coupe-bordures qui causent le plus de dommages. Ces appareils infligent de profondes blessures à l'écorce et un nombre incalculable de jeunes arbres meurent chaque année au nom d'un entretien trop zélé. Supprimez la pelouse et étendez du paillis autour de toutes les nouvelles plantations d'arbres et arbustes afin de tenir tous ces appareils coupants à distance.

ARROSAGE

Avez-vous remarqué que presque toutes les pelouses sont belles lorsque l'été est pluvieux ? L'eau est un des facteurs les plus importants pour avoir une pelouse vigoureuse et l'on comprend que la pelouse ait vu le jour en Grande- Bretagne où le climat maritime apporte d'abondantes précipitations. Sous un climat continental, il est fort possible que la pelouse ait soif durant l'été mais, ne vous en faites pas, la pelouse se mettra en dormance (et jaunira) et reverdira avec la pluie si elle est en bonne santé et que vous avez choisi les espèces appropriées. Le pâturin des prés, par exemple, est une espèce qui aime les endroits ensoleillés, mais qui se met en dormance lorsqu'il y a une sécheresse. Il vaut alors mieux ne pas arroser du tout, plutôt que de ne pas donner assez d'eau.

Si l'herbe est haute (7,5cm) et le sol riche en humus, une pelouse tolère généralement bien une ou deux semaines sans eau. Un gazon haut a plus d'énergie pour résister au stress et procure de l'ombre au sol, ce qui évite la déshydratation. D'autre part, l'humus agit comme une éponge capable de retenir l'eau.

Si la sécheresse dure plus de deux semaines, et que vous voulez absolument arroser (et que c'est permis), il est important de le faire en

Ne gaspillez pas de l'eau potable pour arroser la pelouse !

profondeur pour favoriser le développement des racines dans le sol : arrosez longtemps (une ou deux heures) au même endroit avant de déplacer votre arroseur. Les arrosages fréquents et superficiels gaspillent l'eau, favorisent un enracinement peu profond, ainsi que des maladies. La quantité d'eau dont vous avez besoin va dépendre de la pression au robinet, mais aussi de la nature de votre sol : un sol sablonneux et pauvre en humus va sécher beaucoup plus vite qu'un sol argileux qui retient mieux l'humidité, surtout si vous l'avez enrichi régulièrement de compost.

D'après moi, le meilleur moment pour arroser est le soir, car cela évite le gaspillage dû à l'évaporation et cela permet au sol et aux plantes de faire le plein d'humidité pendant la nuit avant que le jour se lève. Bien des spécialistes préconisent d'arroser le matin pour éviter les maladies. Cependant, il faut se lever très tôt pour pouvoir arroser copieusement avant que la pelouse ne soit exposée au soleil et beaucoup de municipalités n'autorisent que les arrosages en soirée. D'autre part, si vous arrosez au point de favoriser des maladies, c'est que vous arrosez trop et trop souvent.

Dans un endroit fréquemment déshydraté (pente au sud), il vaut peut-être mieux remplacer la pelouse par un couvre-sol qui résiste à ces conditions.

Quelques trucs pour économiser l'eau :

- Encouragez un enracinement profond du gazon.
- Arrosez peu souvent mais en profondeur.
- Aérez le sol dans les endroits compactés.
- Laissez le gazon à une hauteur de 7,5 cm (3 po).
- N'utilisez pas d'engrais chimiques qui favorisent un enracinement superficiel.
- Ajoutez chaque année de la matière organique, sous forme de compost, qui agira comme une éponge dans le sol.
- Choisissez des variétés plus résistantes à la sécheresse (fétuque élevée, fétuque durette, trèfle).
- Encouragez la biodiversité dans votre pelouse : les plantes sauvages résistent généralement bien mieux à la sécheresse.
- Réduisez la surface de votre pelouse en plein soleil : plantez des fleurs !

CE QU'EN PENSE LE BON DIEU

Auteur inconnu (j'ai reçu ce texte par courriel et traduit de l'anglais en 1999)

Imaginez la conversation suivante entre Dieu et Saint-François d'Assise :

« François, toi qui connais tant de choses sur la nature et le jardinage, peux-tu me dire ce qui se passe sur la terre avec les pissenlits, les violettes, la chicorée et toutes les belles fleurs que j'ai dispersées là-bas il y a des siècles ? J'avais planifié un jardin parfait, sans entretien. Ces plantes-là poussent dans n'importe quel type de sol, supportent la sécheresse et se multiplient à profusion. Le nectar de leurs fleurs attire des papillons, des abeilles et des volées d'oiseaux aux chants mélodieux. Je m'attendais à voir de vastes jardins multicolores à l'heure actuelle, mais tout ce que j'aperçois autour des villes, ce sont des rectangles verts.

– Ce sont les tribus qui se sont installées là-bas, Seigneur. On les appelle les banlieusards. Ils ont commencé à traiter vos fleurs de « mauvaises herbes » et ils ont déployé beaucoup d'efforts pour remplacer vos fleurs par du gazon.

– Du gazon ? C'est tellement ennuyeux et si peu coloré ! Cela n'attire pas les papillons, ni les abeilles, ni les oiseaux, mais seulement des vers blancs, des pyrales et des punaises. De plus, c'est très sensible aux changements de température. Ces banlieusards veulent-ils vraiment de tous ces tracas ?

– Apparemment, Seigneur. Ils dépensent beaucoup d'argent et d'énergie pour faire pousser ce gazon et le maintenir vert. Ils commencent par appliquer des engrais de bonne heure au printemps et ils empoisonnent toutes les autres plantes qui pourraient pousser dans leur gazon.

– Les pluies et la fraîcheur printanière doivent faire pousser le gazon vraiment vite. Je suppose que cela rend les banlieusards très heureux ?

– Apparemment non, Seigneur. Dès que le gazon commence à pousser, ils le coupent, parfois deux fois par semaine.

– Ils le coupent ? Est-ce qu'ils en font des ballots, comme avec le foin ?

– Pas vraiment, Seigneur. La plupart d'entre eux ramassent l'herbe coupée pour la mettre dans des sacs.

– Dans des sacs ? Pourquoi ? Est-ce qu'ils les vendent ? Est-ce une récolte bien rentable ?

– Pas du tout, Seigneur, au contraire. Ils payent pour qu'on vienne les ramasser.

– Voyons donc, je crois que je ne comprends pas très bien ! Tu me dis qu'ils fertilisent le gazon pour qu'il pousse plus vite. Et quand il pousse bien, ils le coupent et payent pour s'en débarrasser ?

– Oui, Seigneur.

– Ces banlieusards doivent être contents en été, quand nous diminuons les précipitations et que nous montons la température. Cela ralentit la croissance du gazon et cela doit leur éviter beaucoup de travail.

– Vous n'allez pas me croire, Seigneur : quand le gazon pousse moins vite, ils sortent le boyau d'arrosage pour pouvoir continuer à couper et remplir des sacs de gazon.

– C'est insensé ! Mais au moins ils ont conservé quelques arbres... Ça c'était une idée de génie de ma part, si j'ose dire. Les arbres font pousser des feuilles au printemps pour produire une magnifique parure et procurer de l'ombre en été. En automne, les feuilles tombent au sol pour former un tapis naturel qui protège le sol et les racines. De plus, lorsqu'elles se décomposent, elles améliorent le sol et nourrissent les arbres pour faire de nouvelles feuilles. C'est le parfait exemple du recyclage naturel.

– Vous êtes mieux de vous asseoir, Seigneur. Les banlieusards ont imaginé un nouveau cycle. Aussitôt que les feuilles tombent, ils les ramassent, les mettent dans des sacs et payent pour s'en débarrasser aussi.

– Mais voyons donc ! Comment font-ils pour protéger les racines des arbres et arbustes en hiver et pour conserver l'humidité dans le sol ?

– Après avoir jeté les feuilles, ils achètent quelque chose qu'ils appellent du paillis. Ils le rapportent chez eux et l'étalent autour des arbres pour remplacer les feuilles.

– Ah ? ! Et où vont-ils chercher ce paillis ?

– Ils coupent des arbres et les réduisent en petits copeaux.

– C'est assez ! Je ne veux plus entendre de telles inepties ! Sainte Catherine, toi qui est responsable des arts, quel film as-tu prévu pour ce soir ?

– *Un monde en folie.* C'est un film très amusant à propos de...

– Laisse faire, on vient de m'en raconter l'histoire ! »

CHAPITRE 9

LE CONTRÔLE **DES INDÉSIRABLES**

Les « indésirables » de la pelouse peuvent être des plantes, des insectes ou des maladies qui nuisent à son apparence. La notion de nuisance est évidemment très dépendante de vos attentes. Pour certaines personnes, le trèfle est une « mauvaise herbe », alors que pour moi, c'est une plante qui enrichit le sol en azote, qui résiste bien à la sécheresse et qui donne une belle apparence à ma pelouse. Quant aux insectes, la plupart de ceux qui habitent la pelouse sont utiles. Ils ne deviennent nuisibles que dans la mesure où ils détruisent la pelouse et dans ce cas, il faut chercher à savoir ce qui peut causer un tel désordre. Dans une perspective écologique de réduction des pesticides, il faut faire preuve de tolérance et mettre de côté les stéréotypes imposés par la publicité.

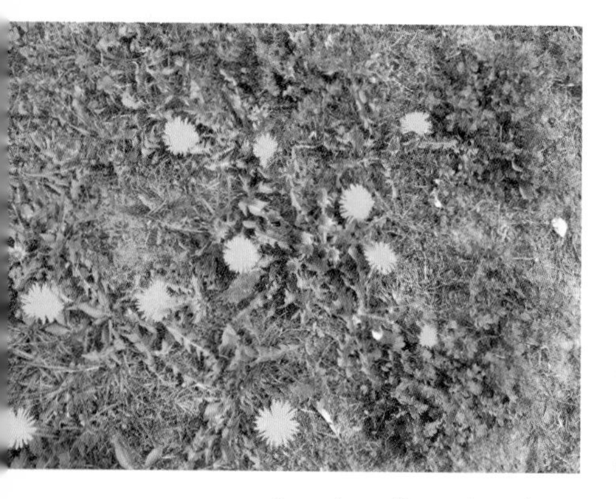

Les pissenlits sont pratiquement les seuls survivants dans cette pelouse au sol pauvre. Attaquons-nous à la cause du problème !

PLANTES INDÉSIRABLES

Les graminées sont des plantes très envahissantes lorsque les conditions leur conviennent. Une pelouse dense, qui pousse dans un sol propice, fera donc une compétition féroce aux plantes « indésirables ». Un gazon haut et vigoureux décourage l'apparition des plantes sauvages. Des chercheurs de l'Université du Maryland ont démontré que le fait de tondre la pelouse à 9 cm était aussi efficace pour contrôler la digitaire que d'appliquer des herbicides[10]. Par contre, une pelouse au sol pauvre qui a été couverte de gazon en plaques (pâturin des prés) laissera rapidement la place à des espèces mieux adaptées. Il faudrait donc s'attaquer à la cause du problème plutôt que de se battre constamment contre les fleurs sauvages !

Surveillez aussi les espaces à découvert, ils sont invitants pour les opportunistes, et ensemencez rapidement après avoir appliqué un peu de compost en surface. Quelques pissenlits ne justifient pas l'utilisation d'un herbicide. S'ils vous fatiguent, utilisez un arrache-

Quelques outils pour éliminer les plantes indésirables :

Le bon vieil arrache-pissenlits manuel.

De nouveaux arrache-pissenlits qu'on peut utiliser debout.

pissenlits ou un tournevis plat en sortant au moins 5 cm de racine. Achetez un modèle en métal robuste et non en plastique. Il existe actuellement des arrache-pissenlits très sophistiqués que vous pouvez utiliser sans vous baisser. Vous pouvez aussi vous servir d'une torche au gaz propane spécialement conçue pour détruire localement des plantes nuisibles comme le chardon, mais soyez prudents en période de sécheresse. Cet outil est également fort intéressant pour nettoyer des allées de garage ou des sentiers en gravier ou en pavés. Il est cependant plus efficace sur les petits plants et il faut répéter l'opération plusieurs fois durant la saison de croissance pour éviter qu'ils ne reprennent de la vigueur. Le propane n'est sans doute pas très écolo, je ne le recommande donc que pour de petites surfaces.

Un autre gadget pour éliminer les mauvaises herbes : la torche au gaz propane.

Une méthode assez récente pour contrôler les plantes indésirables dans la pelouse, c'est l'utilisation de gluten de maïs. Les protéines présentes dans le gluten inhibent la germination de toutes les semences pendant six à sept semaines. De plus, sa teneur élevée en azote (10 %) en fait également un engrais. Il faut l'appliquer après avoir laissé lever les semis éventuels de gazon, mais avant la germination des plantes que l'on veut éviter. La planification est donc essentielle ici. Au Québec, vous pouvez l'appliquer à la fonte des neiges et faire les semis à la fin du printemps. On voit l'effet du gluten de maïs surtout la deuxième année d'application. Appliquez 13 kg par 100 m², quelques semaines avant la période de germination des plantes indésirables (au moins 10 jours) et arrosez s'il ne pleut pas. Par contre, durant la période de germination, suspendez l'arrosage pour un

Les plantes sauvages dans les pelouses sont inoffensives pour les enfants et les animaux domestiques, pas les pesticides.

contrôle plus efficace. Effectuez une deuxième application à la fin de l'été. Le gluten de maïs n'a cependant aucun effet sur les plantes à maturité, ce n'est donc pas un herbicide, quoiqu'il soit homologué comme tel au Canada.

Malgré l'attrait d'un éventuel produit sélectif pour détruire les plantes indésirables, je suis convaincue qu'il est souhaitable d'avoir une certaine biodiversité dans une pelouse. Il y a une quantité de plantes très utiles parmi les soi-disant « mauvaises herbes » et elles peuvent améliorer le sol par leurs racines (pissenlit) ou apporter des éléments nutritifs, comme le trèfle. Le standard du gazon impeccable me fait penser un peu à ce stéréotype de femme idéale : une blonde aux yeux bleus, avec une taille de guêpe mais une poitrine volumineuse. Cela exige une « diète » qui n'est pas très saine et cela n'a aucun rapport avec la réalité. Ne serait-ce pas plus relaxant d'accepter quelques plantes sauvages qui sont inoffensives pour les enfants et les animaux, que d'empêcher les gens de marcher ou de jouer sur votre pelouse parce que des produits toxiques y ont été appliqués ?

Le beau gazon anglais convient-il à un climat continental ?

La pelouse parfaite nous vient de Grande-Bretagne où les conditions d'humidité sont idéales pour les graminées à gazon. Ne faudrait-il pas revoir nos critères de beauté, lorsqu'on habite dans un pays au climat continental, sec en été, et accepter les plantes qui y sont mieux adaptées ?

RAVAGEURS

Plus de 99 % des insectes qui vivent dans une pelouse en santé sont bénéfiques et exercent un contrôle de chaque instant sur les parasites occasionnels. Le sol vivant est une jungle où les plus forts dévorent les plus faibles. Si vous avez vu le film *Microcosmos,* cela vous donne une petite idée du monde merveilleux qui travaille à la surface, mais il y en a encore bien davantage en dessous, sans compter tous les organismes qui sont invisibles à l'œil nu. De plus, une plante saine produit des substances qui repoussent les parasites ou sont toxiques pour eux. Elle peut épaissir sa paroi pour rendre les attaques plus difficiles et elle peut réparer les dégâts causés lorsqu'ils sont mineurs.

Dans la nature, il n'y a pas vraiment d'organismes nuisibles mais des conditions qui les attirent. Les insectes sont des opportunistes qui se reproduisent très vite, ce qui peut créer des infestations lorsque le milieu est favorable. Certains sont attirés par nos excès d'engrais ou par une sorte de plante en particulier et quand leur plat favori pousse tout seul, loin des prédateurs, c'est un vrai festin!

Les infestations ne sont donc que les symptômes d'un problème favorisé par de mauvaises pratiques ou des facteurs de stress:

- Utilisation de pesticides qui détruisent la biodiversité;
- Gazon trop court qui favorise certains parasites comme les punaises;
- Excès d'engrais solubles qui déséquilibrent le sol;
- Disparition des habitats qui favorisent les prédateurs;
- Variétés inappropriées;
- Sol compact;
- Excès de feutre;
- Températures extrêmes.

Si vous voulez ramener la biodiversité dans votre cour, la première chose à faire est de bannir les pesticides. Ensuite, il faut apporter de la vie dans le sol en faisant des applications de compost et en laissant le gazon coupé au sol.

De plus, vous pouvez planter, en bordure de votre pelouse, des fleurs ou des arbustes qui attirent les insectes bénéfiques et les oiseaux insectivores. Créez des habitats favorables aux espèces indigènes en plantant des arbres qui leur serviront d'abris (conifères) ou qui leur fourniront de la nourriture. Regardez ce qui pousse dans un espace naturel près de chez vous et favorisez les variétés qui fleurissent et qui portent des fruits: sureau, viorne, amélanchier, etc. Installez des nichoirs pour les hirondelles et les merles et des dortoirs pour les chauves-souris. Ces petits mammifères mangent leur propre poids d'insectes chaque nuit pendant que vous dormez! Un très grand nombre de fleurs attirent les insectes bénéfiques, comme les syrphes, les coccinelles, les chrysopes et de petites guêpes qui parasitent des parasites!

Les fleurs les plus attirantes pour les insectes font partie de la famille des composées et des ombellifères:

- **Composées:** camomille, cosmos, tagète, zinnia, tanaisie, soucis
- **Ombellifères:** carotte sauvage, aneth, coriandre, fenouil
- **Autres:** monarde, phacélie, sarrasin, menthe, verge d'or

Cependant, si vous êtes en période de transition vers une pelouse plus écologique, il est possible que vous ayez à régler un problème important avec des insectes. Il existe

Cultivez des fleurs qui attirent les insectes bénéfiques en bordure de votre pelouse.

divers moyens de prévention et de contrôle, mais il faut commencer par identifier les coupables, car la stratégie sera différente d'une espèce à l'autre.

Je n'avais aucune expérience avec les infestations d'insectes nuisibles car je n'avais jamais eu de problème de ce genre sur ma pelouse en 25 ans. En 1998, j'ai participé à un projet-pilote qui visait à supprimer totalement l'usage des pesticides sur une trentaine de propriétés privées et j'ai pu observer les dégâts importants causés par certains insectes. Avec mes collègues, nous avons expérimenté différents moyens de contrôle avec succès. Ensuite, pendant plusieurs années, j'ai supervisé un service conseil par téléphone pour des dizaines de villes au Québec. Nous avons lu tous les livres se rapportant aux ravageurs, nous avons consulté des spécialistes et nous avons découvert de nouveaux pesticides à faible impact. Mais nous avons surtout compris l'importance des moyens préventifs pour éviter l'apparition des problèmes (méthodes culturales, choix de plantes, etc.).

PUNAISES VELUES

(ou punaise des céréales) / Hairy chinch bugs *(Blissus leucopterus hirtus)*

Ces insectes aiment les endroits très ensoleillés, chauds et secs et se cachent dans le feutre où ils sucent la couronne de l'herbe, qui devient alors jaune et sèche. Ils sont aussi stimulés par les applications d'engrais azotés. Les adultes mesurent de 3,5 à 4 mm de long. Mais ce sont les nymphes qui sont les plus voraces : quatre fois plus petites que les adultes, elles sont rougeâtres avec deux lignes blanches dans le dos et elles commencent à émerger au début de l'été. Elles muent plusieurs fois avant de devenir noires avec des ailes blanches. On en trouve dans presque toutes les pelouses, mais elles se font généralement manger par des prédateurs naturels qui les gardent sous contrôle. Elles ne deviennent nuisibles que lorsqu'il y a une infestation, ce qui arrive généralement durant les canicules estivales. Les dégâts de punaises se remarquent par des plaques de gazon jaune et sec ; cependant, cela pourrait aussi être causé par la sécheresse ou un autre insecte. Mettez-vous à genoux et regardez attentivement le sol en bordure des zones affectées, près du gazon sain, grattez un peu le feutre au besoin avec un outil tranchant. Si vous voyez rapidement apparaître plusieurs minuscules insectes rouges ou noirs, certains avec des lignes ou des ailes blanches, ne cherchez pas plus loin : ce sont des punaises qui mangent votre pelouse. On peut aussi utiliser une grande boîte métallique (ex. : boîte de café) dont on enlève le fond. Enfoncez dans la pelouse à mi-hauteur, en bordure des endroits endommagés, et remplissez d'eau savonneuse (un savon à vaisselle fera l'affaire). Après quelques minutes, les punaises noyées vont flotter à la surface et il sera facile de les compter.

PRÉVENTION

MODIFIEZ LES CONDITIONS QUI ATTIRENT LES PUNAISES :

- **Laissez le gazon bien haut (7,5 cm) de façon à garder le sol plus humide.**

Les punaises velues aiment les canicules et les engrais azotés. Par contre elles n'aiment pas le trèfle !

- Terreautez la pelouse avec du compost, ce qui va conserver l'eau plus longtemps et nourrir le sol petit à petit, tout en favorisant les prédateurs naturels.
- N'utilisez que des engrais naturels qui libèrent l'azote lentement, ou ne mettez pas d'engrais.
- Plantez des arbres pour faire de l'ombre sur la pelouse.

OU CHANGEZ DE PLANTE

- Semez des variétés de gazon résistantes à la punaise, qui contiennent des endophytes (surtout de l'ivraie et des fétuques).
- Semez du trèfle blanc, du lotier ou du thym serpolet : les punaises ne mangent que les graminées.
- Tolérez la biodiversité dans votre pelouse : elle attirera des prédateurs naturels.
- Réduisez la surface de votre pelouse, surtout celle qui est exposée au plein soleil.

Surveillez étroitement votre pelouse pour éviter des infestations majeures. Il est plus facile de régler le problème quand il est localisé que lorsque les punaises ont envahi toute la pelouse.

CONTRÔLE

Pour éliminer un problème aigu (plus de 150 punaises par m^2) et repartir du bon pied, inondez les endroits infestés avec de l'eau pendant deux semaines (si l'arrosage est permis !). Ajoutez un savon insecticide au besoin, mais l'eau seule est déjà très efficace. Réutilisez l'eau du bain et de la vaisselle en cas de pénurie.

En dernier recours, utilisez localement un savon insecticide à base de pyréthrine que vous appliquerez à deux ou trois reprises à quatre-cinq jours d'intervalle, tout en gardant l'espace bien humide. Le meilleur moment pour intervenir, c'est lorsque la punaise est de couleur orangée, soit au troisième stade larvaire.

Ensuite, réparez les dégâts en appliquant une fine couche de compost dans laquelle vous ensemencerez un mélange résistant à la punaise (enrichi d'endophytes) ainsi que du trèfle ou une autre plante de votre choix. L'année suivante, appliquez les méthodes préventives ci-dessus pour éviter une autre infestation. Il ne faudrait pas être obligé de faire des applications annuelles de pyréthrine.

Utilisation de la pyréthrine

La pyréthrine est un pesticide à faible impact à base de plantes. Il faut quand même rester prudent lorsqu'on l'utilise, comme avec n'importe quel pesticide ; cependant, elle est totalement biodégradable, même en quelques minutes au soleil. Appliquez donc le produit en soirée, lorsque le soleil est couché : elle sera plus efficace. De plus, de nombreux insectes bénéfiques seront à l'abri en soirée.

Savon à la pyréthrine.

Voici un truc pour vérifier si vous avez vraiment des punaises : découpez le fond d'une grande boîte de café, enfoncez-la dans la pelouse, et remplissez d'eau savonneuse. Les punaises noyées flotteront rapidement à la surface de l'eau.

PYRALES DES PRÉS

Sod webworms *(Chrysopteuchia topiaria)*

Adulte

Larve

Photos : Claude Gélinas

Si votre gazon est de plus en plus clairsemé, parsemé de plaques brunes qui s'élargissent et que vous voyez de petits papillons blancs qui volent au ras du sol d'un brin d'herbe à l'autre, c'est probablement la pyrale. Il y a plusieurs espèces de pyrales, mais ce sont les larves (ou chenilles) qui causent des dégâts en mangeant les différentes parties de la plante. Cela provoque un jaunissement du gazon qui s'arrache au niveau de la tige lorsqu'on tire dessus. Les larves brunes ont une longueur de 9 à 13 mm à maturité et les adultes mesurent de 20 à 25 mm avec les ailes déployées. Elles aiment les endroits ensoleillés, les pelouses compactes et le feutre, où elles se tiennent à l'abri en laissant de petits excréments brunâtres à la surface.

PRÉVENTION

MODIFIEZ LES CONDITIONS QUI ATTIRENT LES PYRALES :

- Aérez le sol et éliminez le feutre.
- Terreautez la pelouse avec du compost.
- Laissez le gazon bien haut (entre 7 et 8 cm) pour qu'il soit plus vigoureux.

CHANGEZ DE PLANTE

- Semez des variétés de gazon résistantes (fétuques ou ivraie avec endophytes).
- Semez du trèfle blanc, du lotier ou du thym serpolet : les pyrales ne mangent que les graminées.
- Tolérez la biodiversité dans votre pelouse : une pelouse saine abrite une quantité de prédateurs naturels.
- Réduisez la surface de votre pelouse, surtout celle qui est exposée au plein soleil.

Surveillez étroitement votre pelouse pour éviter des infestations, surtout si le problème s'est déjà présenté.

Dégât de pyrale.

CONTRÔLE

En cas d'infestation (plus de 50 à 100 larves de pyrales par m^2), appliquez l'une des méthodes suivantes :

Inondez la surface avec de l'eau savonneuse à raison de 30 ml de savon pour 8 litres d'eau. Attendez une dizaine de minutes jusqu'à ce que les larves sortent de terre. Ramassez-les et noyez-les dans un bol d'eau savonneuse.

Introduisez des nématodes bénéfiques qui vont parasiter les larves. Les nématodes sont disponibles chez certains fournisseurs spécialisés dont vous trouverez la liste à la fin de ce livre. Cependant, il faut arroser la pelouse à fond avant et après l'application de nématodes, car ceux-ci ne peuvent survivre que dans des conditions d'humidité élevées.

Appliquez du BTK *(Bacillus thuringiensis kurstaki)* : un biopesticide qui agit par ingestion et qui est très spécifique à la famille des papillons. Les chenilles qui en mangent arrêtent de se nourrir après quelques heures et meurent peu après.

Pour réparer les dégâts, terreautez la pelouse et semez un mélange résistant (enrichi d'endophytes) ainsi que du trèfle ou d'autres plantes couvre-sol.

Les pesticides à faible impact sont beaucoup moins dangereux pour notre santé et l'environnement, mais il faut toujours les utiliser avec prudence.

HANNETONS ET VERS BLANCS

Hanneton commun/June Beetle *(Phylophaga anxia)*

Hanneton européen/ European Chafer *(Amphimallon majalis)*

Scarabée japonais/ Japanese beetle *(Popillia japonica)*

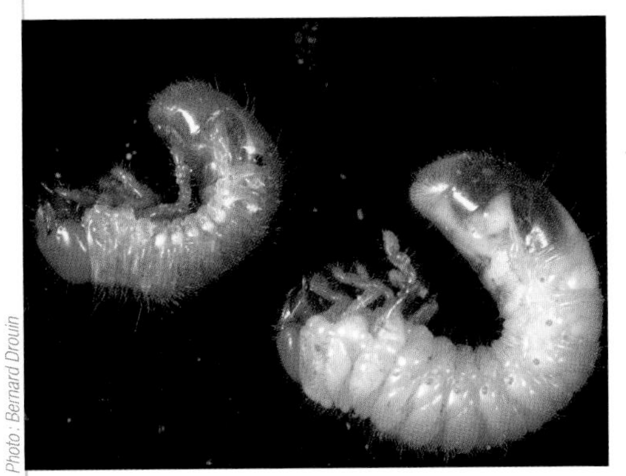

Photo : Bernard Drouin

Larves

Photo : René Limoges, Insectarium de Montréal.

Adulte du hanneton européen

Les gros vers blancs qui mangent les racines du gazon sont les larves de diverses espèces de hannetons. Lorsqu'il y a beaucoup de vers, cela crée des plaques de gazon jauni qui s'arrachent facilement. Pour vérifier, vous pouvez découper une plaque de gazon sur trois côtés et la retourner pour voir apparaître les larves sous la surface. Au Québec, les moufettes et les ratons laveurs raffolent de ces vers et ils vont creuser des trous dans la pelouse durant la nuit pour les manger. C'est donc un excellent moyen de contrôle, mais cela fait d'autres dégâts! Il y a une véritable infestation de hannetons européens dans la région de Montréal depuis quelques années, au point que certaines pelouses sont pratiquement labourées par les prédateurs.

PRÉVENTION

EMPÊCHEZ LES HANNETONS DE PONDRE CHEZ VOUS :

- Éteignez les lumières extérieures et fermez vos rideaux le soir en juin et juillet : cela attire beaucoup les adultes en quête d'un endroit pour pondre.
- Gardez la pelouse dense car il semble que les hannetons préfèrent pondre dans les pelouses dégarnies. Une pelouse vigoureuse supportera aussi pas mal de grignotage.
- Sursemez la pelouse avec des plantes qui semblent moins attirantes pour les hannetons : trèfle, lotier, coronille (pour grands espaces seulement).

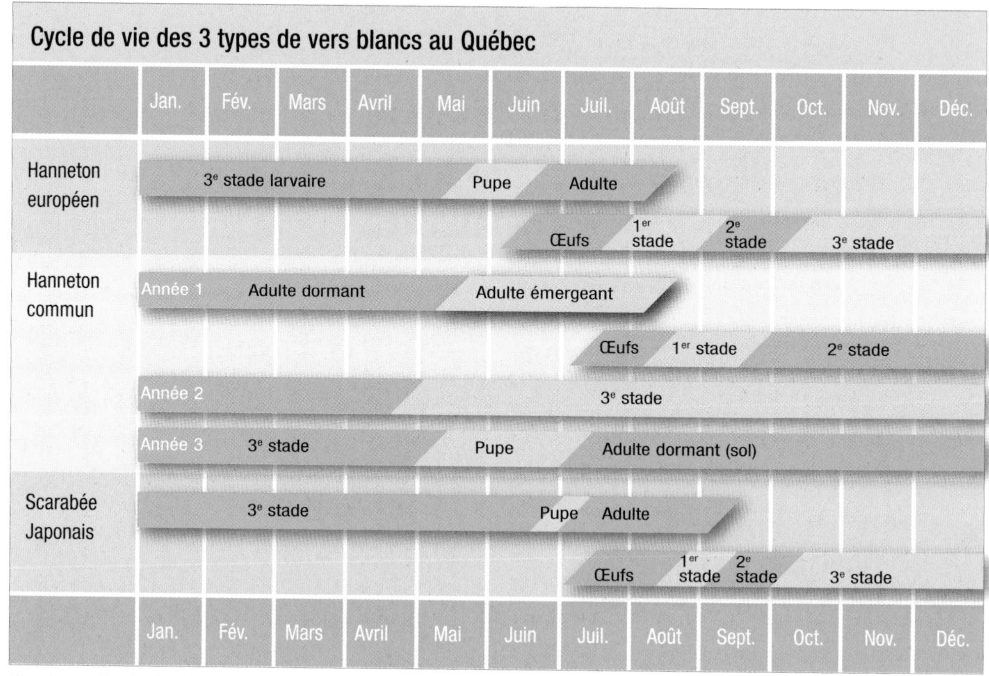

D'après un tableau[11] réalisé par le ministère de l'agriculture et de l'alimentation de l'Ontario.

CONTRÔLE

Appliquez des nématodes entomopathogènes (petits vers microscopiques) qui parasitent les vers blancs. On peut s'en procurer auprès de compagnies spécialisées (voyez la section Ressources à la fin) pour effectuer un contrôle naturel. L'introduction des nématodes doit se faire en soirée et jamais au soleil, étant donné que les rayons ultraviolets sont mortels pour eux. La température du sol doit se situer entre 15 °C et 30 °C (autour de 20 °C de préférence). Arrosez la pelouse en profondeur, 48 heures avant, et gardez le sol bien humide durant les trois jours suivants, car ils utilisent l'eau du sol pour se déplacer jusqu'aux insectes. Une fois à l'intérieur des vers blancs, ils s'y multiplient et les éliminent en y relâchant des bactéries mortelles. De préférence, intervenez durant une longue période de pluie. Au Québec, le meilleur moment est vers la fin août ou le début septembre.

Agitez régulièrement la solution d'eau et la poudre de nématodes afin de bien oxygéner ceux-ci. Les jardineries entreposent les nématodes au frigo, transportez-les dans une glacière et entreposez-les à votre tour au frigo ; jusqu'à leur application.

Pour pondre, les hannetons semblent spécialement attirés par les pelouses de graminées sur des pentes sablonneuses.

On peut acheter des nématodes dans certaines jardineries ou par internet.

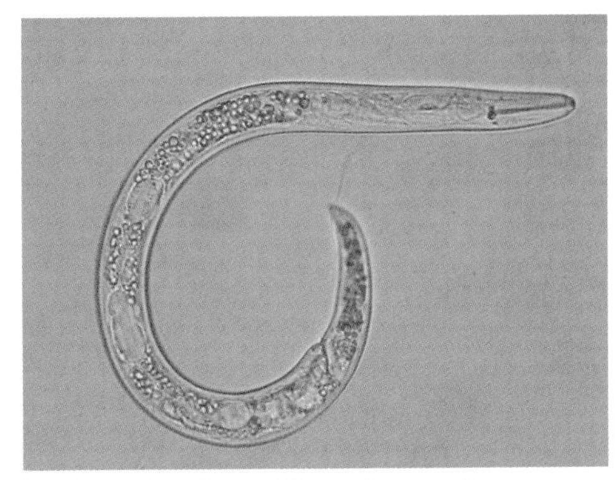

Le nématode est un petit ver microscopique.

L'efficacité du traitement peut varier selon les espèces de nématodes : *Heterorhabditis bacteriophora* semble le plus efficace contre le hanneton européen et *Steinernema carpocapsae,* contre le hanneton commun. Des chercheurs tentent de mettre en marché des espèces plus agressives dans les prochaines années.

Il semble qu'on puisse aussi détruire une bonne quantité de vers blancs en passant un rouleau clouté ou un aérateur mécanique.

Par ailleurs, les fourmis mangent les œufs de vers blancs et certains oiseaux, comme les étourneaux ou les merles, se régalent des larves sans faire autant de dégâts que les moufettes !

FOURMIS

Ants (plusieurs espèces)

Il est facile de détruire un nid de fourmi en y versant de l'eau bouillante à plusieurs reprises ou avec du borax.

Il y a une grande diversité de fourmis, mais elles ne sont pas nuisibles comme telles et leurs dégâts ne sont pas importants dans les jardins. Elles aèrent même le sol avec leurs galeries souterraines. Les fourmis sont cependant agaçantes lorsqu'elles sont en grand nombre et leur nid, en forme de monticule, peut abîmer la pelouse localement. Elles prolifèrent surtout dans les sols secs et pauvres en matières organiques.

PRÉVENTION

Les terrains sablonneux et secs favorisent la présence de fourmis. Ajoutez du compost au sol de la pelouse pour le garder humide plus longtemps.

CONTRÔLE

Il est inutile de traiter toute la pelouse contre les fourmis, il faut trouver le nid et le détruire. Plusieurs solutions sont alors possibles :

Ébouillantez le nid à plusieurs reprises jusqu'à ce que vous ayez détruit toute la colonie de même que les œufs.

Arrosez le nid avec une solution de borax, très toxique pour les fourmis.

Préparez une potion à base de pelures d'agrumes : broyez une pelure de citron au robot culinaire avec 1 litre d'eau bouillante et laissez macérer 24 heures. Ou préparez une solution de piments forts : faites bouillir 1/2 tasse de piments forts pour 1 litre d'eau. Versez sur le nid de façon à inonder les galeries.

Plusieurs autres insectes peuvent s'attaquer au gazon : calandre, cochenille, taupin, etc. Leurs dégâts sont cependant mineurs et la biodiversité reste la meilleure façon de prévenir n'importe quelle infestation.

MALADIES

Un sol sain abrite d'énormes populations de micro-organismes capables de lutter contre les maladies des plantes. Des chercheurs de l'Université Cornell ont découvert que le compost contient des organismes mangeant les substances qui auraient pu alimenter des maladies[12].

À l'exception des verts de golf, les maladies de la pelouse sont des problèmes mineurs reliés à des erreurs de gestion ou à des conditions de température défavorables :

- Mauvais drainage, trop d'humidité ou trop d'ombre ;
- Coupe trop courte ou avec une tondeuse mal aiguisée ;
- Compaction du sol (piétinement) ;
- Excès de feutre ;
- Utilisation excessive d'engrais chimiques (surtout azotés) qui déséquilibrent le sol ;
- Utilisation de pesticides qui suppriment l'activité biologique du sol ;
- Fertilisation incomplète ou excessive ;
- Monoculture avec une espèce fragile ;
- Sol trop alcalin ou trop acide.

Les maladies les plus fréquentes, sous un climat froid ou tempéré, sont causées par des champignons microscopiques qui se manifestent de différentes façons :

- Tache en dollar ou brûlure en plaque *(Dollar spot)* ;
- Tache foliaire ou helminthosporéenne *(Melting out)* ;
- Filament rouge *(Red thread)* ;
- Moisissures nivéales *(Snow mold)*.

Cependant, elles sont généralement peu problématiques sur des pelouses résidentielles et sous un climat frais lorsqu'on suit quelques bonnes règles d'entretien.

Si le cas se présente, il vaut mieux corriger le problème à la source, plutôt que de sortir l'arsenal des fongicides :

- Améliorez le drainage.
- Fertilisez correctement avec des engrais naturels qui se libèrent lentement.
- Corrigez le pH.
- Passez l'aérateur.
- Défeutrez ou appliquez du compost.
- Coupez haut (tache en dollar).
- Semez des variétés de graminées résistantes aux maladies.
- Utilisez des couvre-sols dans les endroits ombragés.

Les gros champignons qui apparaissent çà et là dans la pelouse proviennent généralement d'une source de pourriture sous la surface, comme du bois mort ou une souche en décomposition. Ils aiment aussi les pelouses qui viennent d'être terreautées au compost. Ils ne sont pas nuisibles et peuvent même être comestibles. Mais attention avant d'en manger ! Informez-vous auprès d'un spécialiste (mycologue) si vous êtes novice en la matière.

Les champignons poussent sur de la matière organique en décomposition. Ils ne nuisent pas à la beauté de votre pelouse.

UN AN AVEC VOTRE PELOUSE

PRINTEMPS

- Ne marchez pas sur la pelouse détrempée après l'hiver.
- Nettoyez légèrement la surface dès que vous pouvez marcher sur la pelouse sans que l'empreinte de votre pied reste marquée sur le sol : redressez l'herbe doucement à l'aide d'un râteau à gazon (éventail) tout en ramassant les débris de l'hiver. Ne faites surtout pas de déchaumage à ce moment de l'année.
- Faites une première coupe à 5 cm de haut afin de favoriser la croissance de pousses latérales.
- Coupez ensuite régulièrement entre 7 et 8 cm de hauteur, laissez les rognures au sol et gardez votre lame bien aiguisée.
- Vérifiez le pH, en faisant une analyse ou en observant les plantes indicatrices qui poussent dans votre pelouse. Corrigez l'acidité avec de la chaux au besoin. Il n'est pas nécessaire de faire une analyse chaque année, surtout si vous appliquez régulièrement du compost sur votre pelouse.
- Votre pelouse a-t-elle besoin d'aération ? Enfoncez un crayon dans le sol et s'il ne pénètre pas facilement jusqu'à 10 ou 15 cm, le sol est trop compact et il faut aérer. Vous pouvez aussi faire l'aération à la fin de l'été.
- Fertilisez avec un engrais 100 % naturel pour pelouses en vous basant sur les recommandations du fabricant. Diminuez les quantités si vous avez beaucoup de trèfle et si vous recyclez vos feuilles mortes. Vous pouvez appliquer la dose en une ou deux fois : au printemps et à la fin de l'été.
- Terreautez : appliquez une fine couche de compost d'environ 0,5 cm d'épaisseur pour stimuler les organismes du sol, surtout dans les endroits abîmés. Ajoutez jusqu'à 50 % de sable, si votre sol est très argileux.
- Réensemencez régulièrement les espaces dégarnis qui se forment parfois après un dur hiver, à la suite d'une sécheresse ou dans les endroits très fréquentés.

ÉTÉ

- Coupez haut durant tout l'été (entre 7 et 8 cm) et arrêtez de tondre durant les canicules.
- Inspectez votre pelouse si elle est clairsemée ou si des plaques sèches s'agrandissent de plus en plus : voyez-vous des punaises, des vers blancs ou des pyrales ? Gardez la pelouse humide autant que possible et intervenez rapidement si la situation devient critique.
- Laissez la pelouse en dormance durant les canicules. Si vous voulez absolument arroser, et si c'est permis, faites-le en profondeur.

FIN ÉTÉ

- Vérifiez le pH, aérez, terreautez et réensemencez si vous n'avez pas eu le temps de faire ces opérations au printemps, c'est le moment idéal.
- Fertilisez si vous avez appliqué seulement la moitié de la dose ou encore si vous ne l'avez pas fait au printemps.

AUTOMNE

- Recyclez les feuilles mortes sur la pelouse en passant la tondeuse dessus au fur et à mesure qu'elles tombent. Si vous en avez trop, conservez-les près de votre boîte à compost ou utilisez-les comme paillis dans vos plates-bandes.
- Coupez plus court la dernière fois (5 cm) afin d'éviter que le gazon couché au sol ne favorise les maladies au printemps suivant.
- Rangez la tondeuse pour l'hiver lorsque les feuilles sont toutes tombées ou que le gazon arrête de pousser et faites aiguiser votre lame pour le printemps prochain.

CHAPITRE 10

LES PELOUSES **À ENTRETIEN MINIMUM**

CLASSIFICATION ENVIRONNEMENTALE

À la lecture des chapitres précédents, vous aurez constaté que l'obtention d'une belle pelouse n'est pas de tout repos si vous voulez atteindre les standards esthétiques véhiculés dans les revues de jardinage.

Pourtant, la pelouse n'a pas toujours existé, et beaucoup de gens vivent très heureux sans avoir un «vert de golf» devant leur maison.

Par ailleurs, aujourd'hui on étend souvent la même pelouse de pâturin sur des espaces aussi différents que des terrains de sport, des boulevards ou autour des maison privées. Pourtant, il est évident que la fréquentation d'un terrain de football n'a rien de commun avec la pelouse qui encadre l'hôtel de ville et que les attentes sont fort différentes lorsqu'on est dans un parc industriel ou devant une maison privée. Ne pourrait-on pas réduire toutes ces surfaces gazonnées ou au moins entretenir certaines d'entre elles d'une façon plus naturelle?

Bien sûr! Depuis quelques années, des paysagistes européens ont proposé une nouvelle classification des pelouses en fonction des besoins et des usages afin de réduire l'utilisation des pesticides et de limiter les coûts d'entretien. Cette classification environnementale, introduite au Québec dans les années quatre-vingt-dix, permet de limiter l'entretien au strict minimum dans certains endroits.

ON DISTINGUE AINSI :

LES PELOUSES SPORTIVES qui sont les plus problématiques à cause de l'usage excessif qui en est fait et qui demandent un entretien extrême, surtout sur les terrains qui servent aux compétitions et sur les terrains de golf qui reflètent un certain statut social.

LES PELOUSES DE PRESTIGE qu'on s'attend à retrouver autour des édifices publics et devant les maisons. Ce sont des pelouses où le piétinement est souvent presque nul ; par contre, leur aspect esthétique est primordial pour les citoyens et elles demandent généralement beaucoup d'entretien.

LES PELOUSES DE DÉTENTE sont celles qui recouvrent les parcs urbains et les espaces à l'arrière des maisons. La plupart des gens vont y tolérer un certain nombre de plantes sauvages. Leur entretien pourrait être de moyen à minimal en fonction de la fréquentation.

Photo: André Lamer

LES AUTRES PELOUSES sont celles que l'on peut voir dans les zones industrielles, le long des routes ou sur les terre-pleins. Ici on pourrait accepter un mélange à entretien minimum et une grande diversité de plantes, voire des terrains naturalisés, non fauchés.

Photo : Jean-Jacques Lincourt

Cette façon différenciée de traiter les espaces verts est un grand pas vers un entretien plus écologique et plus rationnel de nos pelouses. Cela permet de supprimer une grande quantité de pesticides dans des espaces où personne ne se formalise de voir pousser une diversité de plantes vertes et fleuries, du moment qu'elles sont maintenues courtes. Cette façon de faire a progressé beaucoup au cours des dernières années un peu partout dans le monde occidental. Il reste que cela ne modifie en rien les attentes pour des gazons impeccables dans le cas des pelouses de prestige et des espaces sportifs comme les terrains de golf.

Il est possible d'obtenir une pelouse bien verte et dense avec un programme d'entretien assidu, mais il est très difficile de conserver une monoculture de graminées avec des produits naturels. Pour suivre ce standard de beauté, sans produits chimiques, il faudrait passer de longues heures à arracher les « mauvaises » herbes à la main. C'est long, c'est fastidieux et c'est tout à fait irréaliste dans les grands espaces.

BIODIVERSITÉ NATURELLE

Si l'on considère que la pelouse ne peut contenir que des graminées, cela devient une surface qui n'a plus grand-chose de commun avec un espace naturel. En fait, une telle pelouse est à la fois le plus naturel des espaces artificiels et le plus artificiel des espaces naturels.

Mais qui nous oblige à suivre une mode aussi coûteuse, aussi laborieuse et aussi peu respectueuse des lois de la nature ? Une mode qui nous rend dépendants d'une quantité de produits polluants et dangereux. Une mode qui crée des tensions entre voisins. Une mode qui nous donne une image tout à fait artificielle d'un espace vert.

Pourquoi une belle pelouse ne pourrait-elle pas accueillir d'autres plantes que des graminées ? Mais d'abord, qu'est-ce qu'une « belle pelouse » ? Le terme « pelouse » vient du latin *pilosus,* c'est-à-dire poilu. D'après le dictionnaire Larousse, la pelouse est un terrain planté d'une herbe dense, d'un gazon régulièrement tondu. Une herbe dense peut

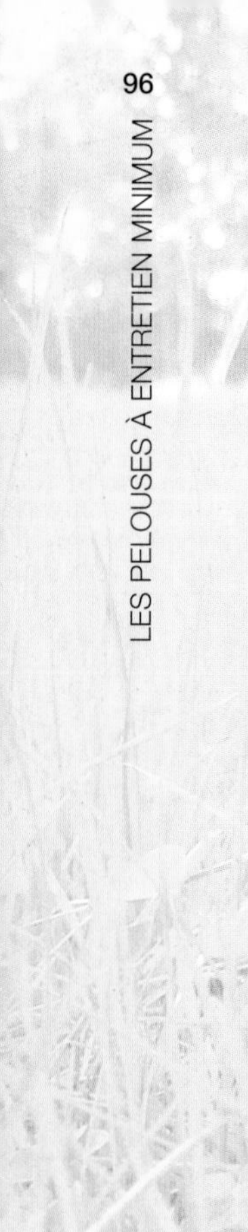

Le terme «pelouse» vient du latin pilosus *qui signifie poilu.*

Lorsqu'on suspend les herbicides sélectifs sur un espace vert, la diversité revient au galop.

contenir pas mal de plantes! Autrefois, la définition de pelouse incluait même tous les couvre-sols. À mon humble avis, une pelouse est un espace généralement vert, bien touffu, coupé court, facile d'entretien et très polyvalent. Pourquoi exclure toutes les plantes basses qui se propagent assez vite pour recouvrir le sol et qui supportent une coupe régulière? Pourquoi bannir les fleurs qui ensoleillent la monotonie du tapis vert et qui disparaissent pourtant si vite?

Tournons-nous vers la nature et voyons ce qui se passe dans les espaces verts qui ne sont pas traités aux herbicides sélectifs: ils se couvrent naturellement d'une flore indigène

très rustique, incluant diverses graminées, mais aussi des trèfles, pissenlits, plantains, violettes, achillées, potentilles, marguerites, épervières, camomilles, glécomes, lotiers… La liste est longue car il y a énormément de plantes qui supportent une coupe régulière. C'est dire qu'on se complique énormément la vie lorsqu'on veut conserver seulement certaines herbes.

Bien sûr, les graminées sont des plantes qui résistent très bien à tous les traitements que doit subir une pelouse. Elles se prêtent parfaitement à la coupe en donnant l'impression d'un tapis et leur présence n'est évidemment pas exclue dans la pelouse naturelle.

Dessin Jacques Hébert

Dans la nature, il n'y a pas de monoculture mais toujours de la biodiversité.

Mais quand on sait tous les efforts qu'il faut déployer et tous les produits qu'il faut utiliser pour obtenir l'uniformité requise par des standards de perfection, cela devient un peu insensé et on ne peux pas continuer ainsi sans scrupules.

Il n'existe pas d'herbicides sélectifs biologiques qui permettent de détruire seulement les plantes indésirables et non pas tout le gazon. Et même si cela existait, est-ce que ce serait souhaitable ? Dans la nature, il n'y a pas de monoculture. Une prairie sauvage est toujours peuplée d'une diversité de plantes qui s'entraident mutuellement. Lorsqu'une maladie ou un insecte s'attaque à une espèce, les autres prennent la relève et il n'y paraît pas. Les infestations ont toujours lieu dans des environnements simplifiés, déséquilibrés ou stressés et la pelouse de graminées en est l'exemple par excellence.

Dans un sol lourd et compact, des plantes aux racines pivotantes, comme le pissenlit, sont capables de pénétrer le sol en profondeur et de l'aérer pour permettre à d'autres plantes, moins agressives, de s'installer à leur tour. Si les plantes sauvages sont abondantes, c'est que le sol leur convient. Il est possible d'améliorer le sol en profondeur pour que les conditions deviennent plus propices aux graminées, mais il est très difficile de ne conserver que les seules graminées car c'est contre-nature. Des millions de graines se promènent avec le vent et bien d'autres dorment dans la terre, attendant l'occasion de germer dès qu'un espace libre se présente. C'est ce qui fait tout le charme d'une pelouse naturelle laissant éclore toutes sortes de plantes différentes d'après l'habitat et la nature du sol.

Comme il est très difficile d'obtenir une monoculture en semant dans un sol qui est déjà plein de graines variées, l'industrie de la pelouse a pensé nous simplifier la tâche en cultivant pour nous du gazon parfait à grande échelle en pleins champs. Pour ce faire, le sol aura été abondamment traité aux pesticides et le jeune gazon sera étroitement surveillé, fertilisé et arrosé. Ensuite, des lisières de gazon seront découpées et roulées pour une installation facile sur les nouvelles propriétés. C'est la pelouse-miracle qui couvre 90 % des terrains américains. Malheureusement, et presque inévitablement lorsque le sol a été mal préparé, des plantes sauvages vont pointer çà et là dans cette belle uniformité. Et c'est ici que les mauvaises herbes sont les plus traumatisantes : quoi de plus laid que du plantain ici et là dans l'uniformité des graminées ? Alors que dans une pelouse naturelle, ils disparaissent dans la masse, ils sont pratiquement étouffés par d'autres plantes compétitives.

Si les pissenlits sont si abondants, c'est que les conditions leur sont plus propices que pour une pelouse de pâturin des prés !

TRANSITION EN DOUCE

Pour éviter le syndrome et les problèmes reliés à la pelouse parfaite dès le départ, je suggère de semer, plutôt que de poser du gazon en plaques, et de mêler des légumineuses basses, comme le trèfle ou le lotier, avec des graminées adaptées au milieu. Cela crée une

Laissez-vous charmer par les pelouses naturelles !

La présence abondante de trèfle dans une pelouse fait oublier les autres plantes à larges feuilles moins aimées.

Le trèfle crée une texture différente mais tout aussi intéressante que les graminées dans une pelouse.

texture variée dans la pelouse, où les brins d'herbe se mêlent joyeusement aux feuilles des légumineuses réparties uniformément sur toute la surface. Les autres plantes à larges feuilles passeront inaperçues, alors qu'elles sautent aux yeux dans une mer de graminées. Certains me disent que le trèfle est très envahissant ; pourtant, le gazon lui aussi est très envahissant et personne ne s'en plaint ! Tout dépend de nos attentes alors, pourquoi ne pas les modifier pour donner la priorité aux pratiques plus écologiques et beaucoup plus simples par-dessus le marché ?

On nous a tellement fait croire que seules les graminées étaient acceptables dans la pelouse, que tout le monde a suivi ce modèle sans sourciller. La puissance du marketing sur le comportement humain me renverse… si seulement il pouvait se mettre au service de l'environnement ! Autrefois, le trèfle était vendu dans tous les mélanges à gazon. Aujourd'hui, il est considéré comme une mauvaise herbe car il ne résiste pas aux herbicides sélectifs. Pourtant, le trèfle, comme toutes les légumineuses, est capable de capter l'azote de l'air. Il fera donc une excellente plante compagne dans une pelouse : il vous faudra moins d'engrais, il restera vert plus longtemps durant les canicules et il ne se fera pas dévorer par les insectes qui aiment les graminées, quelle aubaine !

Avec le temps, votre pelouse mixte de trèfles et de graminées accueillera toutes sortes de plantes sauvages qui résistent à la coupe. Des millions de semences n'attendent qu'un espace vacant et propice pour s'établir. D'année en année, vous verrez changer votre pelouse en fonction des conditions et des espaces libres. Les plantes qui vont pousser naturellement seront toujours les mieux adaptées à cet endroit, sinon elles n'apparaîtraient même pas. Dans les dépressions humides, on ne verra pas les mêmes espèces que sur les talus ou dans les espaces ombragés. Vous pourrez passer des heures à identifier toutes ces plantes miniatures et les enfants pourront même en faire un herbier! Ce type de pelouse sera extrêmement résistant à toutes les conditions climatiques et restera vert beaucoup plus facilement que des graminées sensibles, aux racines superficielles.

Certaines mamans m'ont dit qu'elles craignaient les piqûres d'abeilles attirées par le trèfle. Si cela peut vous rassurer, plusieurs spécialistes des insectes m'ont affirmé que les abeilles n'agressent pas les promeneurs qui marchent sur les pelouses fleuries. Par contre, les guêpes sont beaucoup plus agressives et pourtant personne ne se prive des sandwiches au jambon et des jus sucrés qui les attirent immanquablement lorsqu'on pique-nique à l'extérieur en été. Ce n'est pas en marchant ou en jouant sur une pelouse qu'on se fait piquer, mais plutôt lorsqu'on agace un insecte ou qu'on approche de son nid.

PELOUSES FLEURIES... PELOUSES JOLIES

Les pelouses qui respectent l'environnement n'ont pas besoin d'être négligées ou misérables pour être écologiques! Elles peuvent êtres touffues, saines et resplendissantes... mais différentes de la norme! Les pelouses naturelles, que je vous propose ici, ont différents visages, autant qu'il y a de personnalités, d'habitats et de besoins différents, mais elles ont toutes une base commune: elles sont en harmonie avec la nature qui nous entoure, tout en étant luxuriantes.

Trop de gens me disent encore: « J'ai une pelouse écologique, mais... elle n'est pas très belle! » parce qu'ils la comparent avec le standard « vert de golf ». Et si l'on changeait de point de référence? Si l'on comparait la pelouse idéale à celle qui sent la mousse humide après la pluie? Une pelouse qui embaume comme un matin de printemps avec toutes ces odeurs qui vous rappellent votre enfance? Une pelouse fleurie et colorée qui attire par le fait même une quantité de prédateurs pour contrôler les infestations? Une pelouse originale et sensuelle que vous pouvez sans crainte fouler de vos pieds nus? Une pelouse où vos enfants pourront se rouler et que votre chat pourra mâcher sans tomber malade? Ne seriez-vous pas fiers d'une telle pelouse?

Vous pouvez obtenir cette magnifique pelouse tout en économisant du temps et de l'argent. Il s'agit de travailler avec la nature et non pas contre elle et tout devient simple! La pelouse naturelle vous laissera beaucoup de temps pour lire ou cultiver des choses plus intéressantes que du gazon. En effet, la façon d'entretenir une pelouse naturelle

Pourquoi exclure toutes les plantes basses qui supportent une coupe régulière?

Lorsque votre pelouse est dense et coupée régulièrement, vos voisins ne devraient pas se formaliser de quelques plantes indigènes perdues dans la mêlée.

est beaucoup plus simple car vous ne vous tracassez plus avec les « mauvaises herbes » et ce sont elles qui vont vous aider à obtenir une pelouse bien dense et sans infestations. Les plantes qui poussent spontanément à un endroit donné sont certainement les plus appropriées. Si le sol est lourd, il va accueillir des pissenlits et du plantain car ces deux plantes fixent et aèrent ce type de sol. Si au contraire le sol est très sablonneux, vous verrez sans doute apparaître de l'achillée ou des épervières. Vous pouvez modifier le sol pour obtenir des conditions plus appropriées à du gazon, mais vous pouvez aussi accepter ce que la nature vous donne et arrêter de vous en faire.

Et les voisins? Que diront les voisins? Cette question est très préoccupante pour les Canadiens, les Américains et tous ceux dont la pelouse rejoint celle des voisins, sans clôture

Pour une pelouse naturelle et luxuriante :

- Tondre à environ 7,5 cm (3 pouces) la végétation en place ou plus haut si vous voulez…
- Ne pas ramasser les résidus de coupe.
- Ne jamais tondre en période de canicule.
- Appliquer du compost occasionnellement si la verdure est clairsemée.
- Ensemencer les espaces dégarnis avec un mélange vigoureux de graminées et de légumineuses.

Soyez fiers de votre pelouse naturelle et affichez-le!

Les avantages des pelouses naturelles

- Aucun besoin de pesticides;
- Aucun besoin d'engrais;
- Meilleure résistance à la sécheresse (racines profondes et diversité);
- Excellents habitats pour la faune;
- Pas d'infestations grâce à la présence de nombreux prédateurs;
- Source de nourriture et de plantes médicinales;
- Matériel éducatif pour les enfants (observation de plantes, d'insectes, etc.);
- Inspiration pour les artistes.

et sans transition; et lorsque ceux-ci ont une pelouse immaculée, cela peut ressembler à un affront que de laisser vagabonder du trèfle ou des pissenlits. Cela peut déranger. Mon expérience (j'ai vécu 30 ans en banlieue de Montréal) m'a appris que lorsqu'une pelouse est dense et coupée régulièrement, la plupart des gens ne se formalisent pas de votre pelouse naturelle. Depuis l'entrée en vigueur du Code de gestion des pesticides au Québec, cela devient même la norme. Mais n'oubliez pas que le terme écologique n'est pas synonyme de négligence!

Dans certains cas, il va falloir déranger un peu l'ordre établi puisque l'utilisation systématique de pesticides est inacceptable dans un milieu densément peuplé et même illégal au Québec et dans plusieurs autres villes dans le monde! Si les règlements de votre municipalité interdisent la plupart des pesticides, il est pratiquement impossible d'obtenir une pelouse de graminées seules, sans arrachage manuel. La liberté des uns s'arrête là où commence la liberté des autres et la santé a certainement la priorité sur certains stéréotypes esthétiques.

Il ne s'agit pas ici d'une mode «écolo» et encore moins de laisser-aller. Sensibilisez vos concitoyens à la pollution que représente l'utilisation de pesticides. Faites valoir vos préoccupations: vous avez choisi un coin de verdure pour respirer de l'air pur et l'odeur des produits chimiques vous dérange. Vous craignez leurs effets à long terme sur votre santé et celle de votre famille. Vous avez le droit de respirer de l'air pur autour de chez vous!

Montrez ces deux dessins à vos enfants et demandez-leur dans quel environnement ils aimeraient mieux vivre.

Demandez-leur aussi de vous indiquer au moins quatre bons gestes et quatre qui nuisent à l'environnement (réponses page 177).

Arracher les plantes indésirables à la main ? Non merci ! Vous avez mieux à faire et vous préférez laisser la biodiversité naturelle travailler à votre place. C'est une pelouse écologique dont vous êtes fiers et qui résistera bien mieux à la sécheresse que toutes celles du voisinage. Voilà d'ailleurs un excellent argument pour les municipalités qui songent à réglementer les pesticides tout en faisant des économies d'eau potable.

Gardez votre pelouse « mixte » en bonne forme et coupez-la un peu plus souvent lorsque les pissenlits sont en fleurs (mettez éventuellement le sac sur votre tondeuse lorsqu'ils montent en graines). Mais surtout soyez fiers de vos convictions et affichez-les. Vous verrez, bien peu de gens vous en tiendront rigueur. La floraison des pissenlits ne dure que deux semaines après tout !

HOMMAGE AUX PISSENLITS

Parmi toutes les herbes dites « mauvaises », le pissenlit est sans doute celle qui est la plus détestée et la plus persécutée, en Amérique du Nord en tout cas. Laisser fleurir des pissenlits sur sa pelouse, cela paraît comme une insulte pour un grand nombre de gens qui considèrent que c'est faire preuve de laisser-aller et de négligence, c'est une honte pour tout le voisinage ! D'où peut bien venir cette phobie,

cette aversion pour une plante qui a pourtant de multiples qualités et que l'on retrouve dans tous les coins de la planète?

Le pissenlit doit son nom à ses propriétés diurétiques qui, à première vue, ne sont pas très attrayantes, il faut l'avouer. Certains l'appellent aussi dent-de-lion, à cause de ses feuilles échancrées comme les crocs du roi des animaux. Les anglais ont d'ailleurs transformé ce nom français en *Dandelion.* Mais le pissenlit aurait plus d'une centaine de noms et il en existe quelque 1200 variétés dans le monde. Rien que dans la francophonie, on lui connaît une cinquantaine de surnoms pittoresques. En voici quelques-uns: Monsieur, Tête de moine, Cramaillot, Lampion, Auréole, Voyageuse, Vol-au-vent, Coton, Ange, Barbe à Dieu, Nuage, Horloge, Tête de loup. L'origine de son nom latin, *Taraxacum officinalis,* est cependant plus obscure. *Taraxacum* viendrait peut-être du grec ou de l'arabe alors que *officinalis* fait évidemment référence à ses propriétés médicinales qui sont utilisées depuis la nuit des temps.

Chaque pétale de pissenlit est en réalité une fleur qui deviendra une graine.

Les semences de pissenlit sont un symbole de douceur et de liberté.

Même s'il peut pousser presque n'importe où, le pissenlit préfère les prairies ensoleillées et fauchées régulièrement. La pelouse est donc un habitat de premier choix pour lui. Mais selon la richesse et la profondeur du sol, il deviendra géant ou rabougri. Il fait partie de la famille des composées qui se distinguent par leurs multiples fleurs réunies sur un capitule ou réceptacle. Les «pétales» du pissenlit sont donc autant de petites fleurs individuelles posées sur un plateau arrondi, qui se transforment chacune en une belle graine (akène) munie d'une aigrette. Cela forme ces boules blanches et vaporeuses que nous avons tous soufflées aux quatre vents lorsque nous étions enfants. Grâce à cette merveilleuse ingéniosité de la nature, le vent disperse ces millions de petits parachutes sur des kilomètres. Il est donc un peu vain de songer à éliminer les pissenlits dans un quartier, ou même toute une ville, car les semences du pissenlit sont équipées pour les grands voyages et reviendront toujours s'installer dans les endroits qui leur conviennent pour le plus grand bonheur de ceux qui se donnent la peine de les observer et d'en apprécier les multiples vertus.

Le pissenlit est en effet une plante comestible. On peut en manger toutes les parties :

- **Les feuilles** se consomment en salade dès la fonte des neiges, mais il faut les récolter avant la floraison sinon elles deviennent amères. Les connaisseurs les blanchissent en les recouvrant d'une planche ou d'un pot de terre cuite renversé. Les feuilles peuvent également être servies en soupe, en quiche ou en tisane. Elles sont très riches en fer et en vitamine C et sont disponibles alors que les légumes du potager germent à peine.
- **Les boutons floraux** peuvent être marinés dans le vinaigre et remplacent avantageusement les câpres.
- **Les fleurs** servent à faire un vin, ou plutôt un digestif assez capiteux. En Franche-Comté, on en fait également une sorte de gelée, appelée cramaillotte ou miel de pissenlit.
- **Les racines** torréfiées font un excellent substitut du café.

Photo : Manon Smeesters

Le pissenlit est aussi une plante médicinale. Le suc de pissenlit était autrefois considéré comme un remède contre les problèmes de la vue. Cela justifierait l'origine grecque de son nom *Taraxacum.* En grec, *taraxis* signifie : trouble de la vue et *akomai* : guérir. Le suc laiteux de la hampe florale est aussi utilisé contre les verrues et les taches de rousseur. Mais le pissenlit a surtout des propriétés toniques et apéritives (feuilles et racines). Il stimule les sécrétions biliaires et agit positivement sur le foie. Il diminue le taux de cholestérol et bien sûr il est très diurétique et dépuratif. Rien de tel qu'une décoction de pissenlit pour noyer une grippe. Par ailleurs, sa richesse en vitamine C en fait un antiscorbutique et sa teneur en fer combat l'anémie.

Le pissenlit est cultivé dans plusieurs pays pour ses qualités culinaires ou médicinales.

Toutes les parties du pissenlit peuvent être consommées.

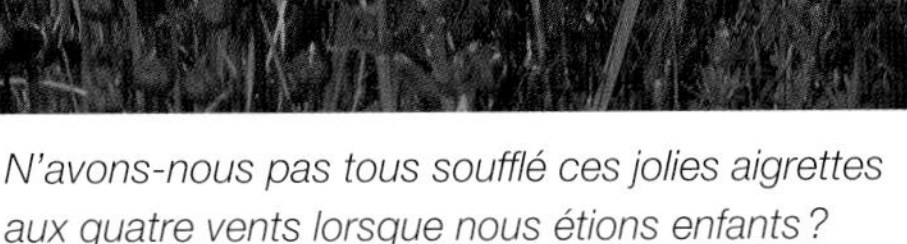

N'avons-nous pas tous soufflé ces jolies aigrettes aux quatre vents lorsque nous étions enfants ?

Les fleurs du pissenlit attirent les insectes bénéfiques.

Par ailleurs, le pissenlit améliore le sol. Sa racine pivotante pénètre profondément dans la terre et fait remonter les minéraux à la surface tout en aérant le sol. Il s'installe rapidement sur les remblais et permet de les fixer solidement, prévenant ainsi l'érosion.

Bref, avec autant de qualités variées, il est surprenant que tout le monde ne le cultive pas dans son potager comme les Italiens. Dans un article de Céline Caron[13], on peut lire que « Les racines de pissenlits se vendaient 16 cents la livre sur le marché canadien en 1920. On estimait le rendement entre 450 et 700 kg à l'acre pour un revenu allant de 160 $ à 240 $. Son importance économique justifiait sa présentation dans une brochure publiée en 1925 par le ministère de l'Agriculture du Canada. Ironiquement, 75 ans plus tard, le pissenlit fait encore l'objet d'un commerce, mais ô combien différent. Ce n'est plus la plante elle-même qui génère des profits, mais les herbicides qui servent à la détruire ». Le pissenlit est devenu si abondant chez nous qu'il en devient vulgaire pour le commun des mortels. On ne peut pas tolérer une plante aussi ordinaire dans un jardin bien entretenu. Comme un bohémien, il est associé aux terrains vagues, aux fissures des trottoirs, aux bords de route. Il fait donc penser aux itinérants, à la pauvreté et à tout ce que notre société veut rejeter ou ignorer. Mais comme il a cette incroyable faculté de s'adapter aux environnements les plus incultes et à revenir en force dès qu'on suspend les herbicides, il représente également un éternel défi à notre volonté de contrôler la nature. Le pissenlit est sans doute le parfait symbole de la nature indomptée dans notre cour.

QUELQUES RECETTES :

Entre 1996 et 2000, Nature-Action Québec organisait un « festival du pissenlit » afin de faire connaître les qualités de cette plante si méprisée et d'encourager ainsi la réduction des herbicides sur les pelouses. On y servait du vin, de la soupe, des quiches, de la tisane et du café de pissenlit. Cela attirait bien des curieux et le vin était particulièrement apprécié !

VIN DE PISSENLIT

(d'après Thérèse, l'amie de Denise Allaire[14])

INGRÉDIENTS :

- Fleurs de pissenlits non tassées dans un récipient de 4 litres
- 4 litres d'eau bouillante
- 2 kg de sucre
- 3 citrons tranchés
- 3 oranges tranchées
- 250 g de raisins secs
- 15 g de levure sèche

PRÉPARATION :

Cueillez les fleurs des pissenlits par une journée bien ensoleillée, lorsqu'il y en a en abondance et loin des zones polluées par les pesticides et les autos. Si vous n'en avez pas assez dans votre pelouse, cherchez dans les parcs industriels de bureaux ou les cimetières... là où personne ne marche dessus. Cueillez seulement la fleur, sans la queue qui donne un goût amer.

- Mettez les fleurs dans un seau de plastique d'au moins huit litres et versez l'eau bouillante dessus.
- Couvrez avec une serviette propre et laissez reposer 24 heures.
- Filtrez à travers un linge fin et solide en pressant le maximum de jus.
- Ajoutez le sucre et les fruits.
- Saupoudrez la levure sur le dessus et remuez avec une spatule.

- Laissez votre seau à la température de la pièce et couvrez d'une serviette propre.
- Remuez ce liquide deux fois par jour pendant neuf jours.
- Filtrez et transvasez le liquide dans une cruche suffisamment grande.
- Bouchez temporairement avec un mouchoir de papier ou de la ouate.
- Entreposez la cruche au frais (15 à 18°C) pendant 40 jours.
- Embouteillez votre vin en siphonnant la partie la plus claire. Jetez le dépôt.
- Conservez à la cave au moins six mois avant de le boire.

N.B. : je trouve que ce vin de pissenlit est plutôt un digestif car il est très capiteux!

SOUPE AUX PISSENLITS ET AUX ORTIES

INGRÉDIENTS :

- 4 poignées de feuilles de pissenlits
- 2 poignées de jeunes pousses d'orties
- 1 gousse d'ail
- 2-3 pommes de terre
- 1 gros oignon
- 1500 ml de bouillon de légumes ou de poulet
- Sel
- Crème fraîche à 35 %

Les orties sont des plantes un peu piquantes qui sortent de très bonne heure au printemps. Vous pouvez les récolter avec des gants, mais les jeunes pousses ne piquent pas bien fort. On peut les manger à peu près en même temps que les feuilles de pissenlits, vers la fin d'avril et le début de mai. J'aime bien les préparer ensemble pour faire une soupe super énergisante, très riche en fer, bien avant que les légumes du potager ne soient prêts à manger. Vous pouvez faire la même soupe seulement avec des orties, mais les pissenlits seuls sont un peu amers.

PRÉPARATION :

- Faites rissoler l'oignon avec l'ail.
- Ajoutez l'eau, les pommes de terre et le sel.
- Faites cuire 15 minutes.
- Ajoutez les feuilles de pissenlits et d'orties.
- Laissez cuire une ou deux minutes.
- Passez le tout au mélangeur pour obtenir un velouté.
- Ajoutez la crème au moment de servir.

DÉCOCTION DE PISSENLIT CONTRE LA GRIPPE

Récoltez les racines des pissenlits au printemps ou en automne, lorsque les plants sont vigoureux. Lavez-les et laissez sécher pour pouvoir les utiliser en hiver : c'est alors qu'on a la grippe !

Vous pouvez aussi en trouver dans une herboristerie.

Le moment venu, laissez tremper les racines séchées pendant quelques heures pour les réhydrater.

Faites bouillir quatre cuillères à café de racines dans un litre d'eau pendant 20 minutes. Laissez refroidir et ajoutez un peu de miel… ce n'est pas très bon ! Buvez-en 1/2 à 3/4 de litre par jour et reposez-vous. C'est vraiment efficace.

PLANTES UTILES DANS LA PELOUSE

Outre le pissenlit, une pelouse naturelle abrite un grand nombre de plantes comestibles et médicinales. Bien entendu, il y a des dizaines de plantes que vous pouvez trouver dans une pelouse naturelle, d'après le type de sol et la région où vous habitez. Je ne mentionne ici que les plantes les plus fréquentes, les plus connues ou les plus sympathiques. Je ne veux que vous donner un petit aperçu de la richesse que peut cacher une pelouse naturelle et du plaisir dont vous vous privez en éliminant les plantes sauvages.

PLANTES COMESTIBLES

FRAISIER (*Fragaria* spp.)
Wild strawberry

Pour les fruits… bien entendu!

MARGUERITE
(Chrysanthemum leucanthemum)
Ox-eye daisy

Les jeunes feuilles font de délicieuses salades. La fleur peut aussi servir à préparer une tisane.

MOURON DES OISEAUX
(Stellaria media) Chickweed

La plante se mange au complet en salade ou cuite. Elle se prend aussi en infusion et, ajoutée dans le bain, elle a un effet relaxant.

OXALIDE *(Oxalis stricta)*
Common wood-sorrel

Les feuilles, un peu piquantes, sont délicieuses en soupe ou en salade.

PLANTAIN (TOUTES LES SORTES)
(*Plantago* sp.) Plantain

Les jeunes feuilles peuvent être préparées comme les épinards. Elles sont riches en vitamines A et C et peuvent aussi servir à faire de la tisane.

POURPIER GRAS *(Portulaca oleracea)*
Purslane

Très rafraîchissant en salade car il contient beaucoup d'eau. Riche en vitamines, en sels minéraux et en fer.

TRÈFLE (*Trifolium* spp.)
Clover

Les feuilles et les fleurs se mangent en soupe ou en salade, ou peuvent être utilisées en infusion. Les graines et les fleurs séchées et broyées peuvent faire une farine nourrissante.

VIOLETTE ODORANTE (*Viola odorata*)
Wild violet

Les fleurs sont délicieuses et si jolies dans les salades.

Salade surprise

Ajoutez des feuilles de pissenlit, de marguerite, de trèfle, de mouron, d'oseille et de pourpier à des feuilles de laitues. Décorez avec des fleurs de violettes, de trèfles, et des boutons de pissenlits marinés. Servez avec une vinaigrette César. Vous surprendrez vos convives !

Il vaut mieux mélanger les plantes sauvages petit à petit à votre laitue ordinaire si vous n'avez pas l'habitude d'en manger. Vous pourrez ensuite augmenter la proportion de celles que vous préférez. N'oubliez pas que les feuilles de pissenlits doivent être cueillies avant la floraison, sinon elles deviennent amères !

PLANTES MÉDICINALES

Attention

Pour en savoir davantage sur les vertus médicinales et les doses, il faudrait consulter un livre spécialisé ou un naturopathe. Aucune plante de cette liste n'est cependant toxique en quantité modérée.

ACHILLÉE MILLEFEUILLE

(Achillea millefolium) Yarrow

Elle est reconnue surtout pour régulariser le cycle menstruel et soulager les règles douloureuses. Elle a aussi des propriétés cicatrisantes et anti-inflammatoires. Efficace contre le rhume des foins, elle soigne aussi les rhumes et les grippes, la mauvaise digestion et les coliques, réduit la pression artérielle, améliore la circulation veineuse et atténue les varices. C'est un des « simples » connu depuis des siècles.

ÉPERVIÈRE (*Hieracium* spp.) Hawkweed

Stimule la toux et freine la formation de mucosités à cause de son action astringente. Elle est utilisée aussi pour ses propriétés diurétiques et cicatrisantes.

LIERRE TERRESTRE *(Glecoma hederacea)* Creeping Charlie

Il est souvent utilisé pour les affections du nez, de la gorge et des oreilles, pour ses propriétés décongestives. C'est aussi un diurétique et un bon remède contre la gastrite et l'acidité de l'estomac. Il était autrefois utilisé comme fortifiant dans le traitement du scorbut. Il éloigne les moustiques quand on en écrase quelques feuilles entre les mains. On peut aussi mélanger la plante séchée dans la litière des chats pour éloigner les puces.

MOURON DES OISEAUX *(Stellaria media)*
Chickweed

Cette plante est reconnue pour guérir les troubles des voies respiratoires et les maladies de la peau (eczéma, psoriasis, etc.). C'est une plante nutritive et énergisante, elle aide les systèmes urinaire, lymphatique, digestif et endocrinien. La plante fleurie sert contre les rhumatismes sous forme de tisane ou en cataplasme.

OSEILLE *(Rumex acetosella)*
Sorrel

Ses feuilles ont un effet purgatif et le jus est un puissant diurétique. Elle est reconnue aussi pour traiter la fièvre, le manque d'appétit, la constipation et les ulcères de la bouche.

PLANTAIN (TOUTES LES SORTES)
(*Plantago* sp.) Plantain

Ses feuilles sont connues depuis longtemps pour favoriser la cicatrisation et soulager par exemple les blessures causées par l'herbe à puce *(Rhus toxicodendron).* Frottez une feuille froissée pour soulager les piqûres et les brûlures. Une infusion de graines est efficace contre la diarrhée ; par contre, elles sont laxatives lorsque trempées et mangées crues, comme les graines de lin.

POTENTILLE ANSÉRINE *(Potentilla anserina)*
Silverweed

Plante astringente. Les racines, en infusion ou décoction, calment les spasmes de la diarrhée et aident aux contractions de l'utérus pendant l'accouchement. En cataplasme, elle calme les hémorroïdes.

POURPIER *(Portulaca oleracea)* Purslane

Diurétique et émollient. On peut l'absorber cru ou en bouillon. Il sert aussi de vermifuge doux et comme laxatif mécanique en donnant du volume aux selles. Plusieurs tribus indiennes en connaissaient les vertus : les Cherokees pressaient le jus dans les oreilles douloureuses, les Iroquois s'en servaient contre les brûlures ou blessures et les Navajos l'utilisaient en cas d'irritation ou d'infection du tube digestif.

PRUNELLE *(Prunella vulgaris)* Heal-all

Reconnue pour soigner les plaies, elle cicatrise en fait toutes les blessures internes et externes. L'infusion, diluée avec du miel, sert de gargarisme contre les maux de gorge. La décoction s'emploie, en compresses chaudes, contre les hémorroïdes.

THYM SERPOLET *(Thymus serpyllum)*
Wild thyme

Antiseptique et antifongique puissant. Utilisé en infusion ou en sirop pour soigner les grippes, les rhumes, les maux de gorge et autres infections pulmonaires. Le serpolet a une action antispasmodique qui soulage les règles douloureuses. On peut aussi l'appliquer en cataplasme pour cicatriser les plaies et les ulcères.

TUSSILAGE *(Tussilago farfara)*
Colt's-foot

Expectorant bien connu, c'est un remède populaire pour traiter les affections du système respiratoire, comme la toux.

CHAPITRE 11

LES SOLUTIONS DE RECHANGE **À LA PELOUSE**

Outre les problèmes reliés aux engrais chimiques et aux pesticides, dont j'ai déjà parlé amplement, la multiplication des pelouses partout dans le monde n'est pas sans impact sur l'environnement. On parle beaucoup de la destruction des forêts tropicales et des conséquences sur l'appauvrissement du patrimoine végétal mondial, mais combien de petits boisés, de marécages et de prairies ont disparu dans les villes pour faire place à ces incontournables pelouses ? Combien de fois ne voyons-nous pas un développement domiciliaire s'installer dans un bois qui est aussitôt « nettoyé » et recouvert de gazon ? Les pelouses ont fait disparaître des milliers d'habitats fragiles et intéressants.

La pelouse est un habitat très pauvre si on la compare à un habitat naturel. Très peu d'oiseaux, de papillons et d'insectes bénéfiques sont attirés par des graminées tondues régulièrement. Un environnement aussi simple attire très peu de biodiversité, mais souvent beaucoup d'individus d'une même espèce, d'où les infestations fréquentes. C'est ainsi que des légions de punaises et de vers blancs peuvent se multiplier impunément dans les

Un environnement aussi peu diversifié attire souvent les infestations.

Une pelouse de 100 m² peut consommer 35 000 litres d'eau par été.

Combien de prairies sauvages ont disparu pour faire place à nos incontournables pelouses ?

pelouses, faisant un festin de leurs graminées favorites, en l'absence de prédateurs qui vivraient en grand nombre dans un habitat plus varié.

La pelouse est aussi extrêmement exigeante en eau car les racines des graminées sont très superficielles et souffrent rapidement de la chaleur, surtout lorsque le gazon est coupé très court et que le sol a été mal préparé. Dès qu'il y a une période de sécheresse, il faut arroser abondamment pour que le gazon reste vert. Qu'à cela ne tienne, vous diront les spécialistes, il suffit d'installer un système d'irrigation automatique et le problème est réglé ! Une pelouse de 100 m^2 peut consommer 35 000 litres d'eau par été[15] dans un climat continental tempéré. La consommation d'eau potable augmente donc d'une façon phénoménale dans les villes durant la belle saison et, malheureusement, ce n'est pas pour étancher la soif des citoyens, mais celle de leurs pelouses.

Notre demande toujours croissante en eau potable ne frise-t-elle pas la folie ? Même si

certaines régions bénéficient d'eau douce à profusion, elle n'est cependant pas gratuite ni abondante en toutes saisons. L'eau est traitée dans des usines de filtration et transportée par un réseau d'aqueducs extrêmement coûteux. Il n'est pas rare qu'il y ait des périodes de sécheresse prolongées qui obligent les autorités municipales à réduire l'usage de l'eau, ce qui est désastreux pour l'image de la pelouse parfaite. Certaines villes voient leur consommation doubler durant les journées de canicule et, comme il faut planifier le réseau en fonction de la demande de pointe, il faut parfois investir des sommes considérables pour bâtir de nouveaux équipements dans le seul but de répondre aux besoins de nos pelouses ! N'est-ce pas un peu insensé d'investir autant de fonds publics pour du gazon ?

Par ailleurs, la coupe du gazon avec des tondeuses à essence constitue une autre source de pollution non négligeable. Pollution par le bruit d'abord, mais aussi par les niveaux élevés de monoxyde de carbone, de composés organiques volatils (COV) et d'oxydes d'azote, produisant entre 3 et 5 % de la pollution atmosphérique du Canada. Un moteur typique de 3,5 chevaux peut émettre en une heure la même quantité de COV qu'une nouvelle voiture ayant parcouru 340 kilomètres[16]. Et en une année, la tondeuse moyenne à essence peut dégager la même quantité de P 2,5[17] que la voiture moyenne parcourant environ 3300 km[18] ! C'est assez pour réduire à néant les vertus des pelouses pour purifier l'air !

Pour toutes ces raisons, il faut se demander si la pelouse doit occuper autant de place dans nos aménagements. Déjà, la pelouse écologique ou naturelle est un grand pas vers une réduction de la pollution, mais elle demande certains efforts pour rester belle et vous n'avez peut-être pas le temps, ou l'envie, de passer des heures à couper, aérer, terreauter, arroser et bichonner votre petit coin de verdure. Il y a plusieurs alternatives pour tous les goûts et tous les budgets et elles seront particulièrement appréciées dans les endroits ombragés, escarpés, arides, trop exigus ou trop vastes.

Un moteur de tondeuse peut émettre en une heure la même quantité de COV (composés organiques volatils) qu'une nouvelle voiture ayant parcouru 340 kilomètres.

COÛTS ENVIRONNEMENTAUX DE LA PELOUSE

Comparaison entre l'impact environnemental d'une forêt ou prairie naturelle et celui d'une pelouse traditionnelle. Les astérisques indiquent des conséquences moindres (*) ou absentes (**) lorsqu'une pelouse naturelle remplace la pelouse traditionnelle. En effet, la pelouse naturelle est tondue, mais les rognures de gazon ne sont pas enlevées et elle ne requiert pas d'application d'engrais ni de pesticides. (D'après Bormann et al., 1993)

Ce qui ENTRE dans l'écosystème

- Énergie solaire
- Précipitations
- Nutriments apportés par la pluie et la poussière
- Carbone atmosphérique (CO_2)
- Graines transportées par le vent

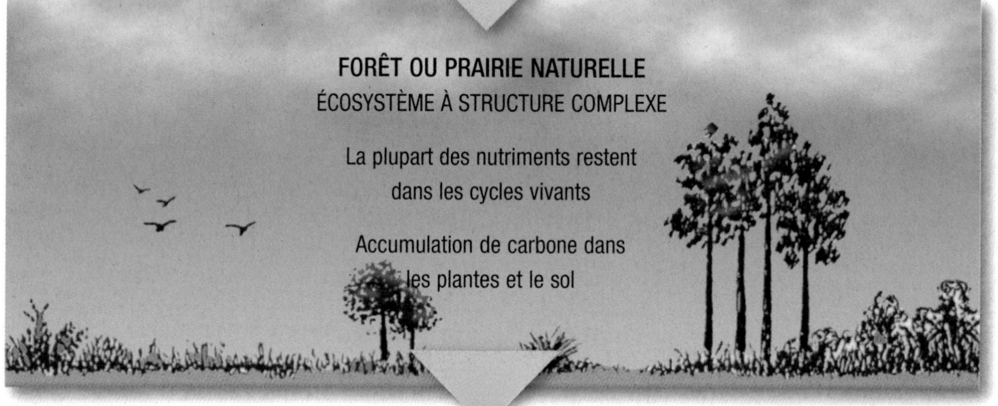

Ce qui SORT de l'écosystème

- Relativement beaucoup d'eau dans l'atmosphère
- Peu de pertes d'eau par ruissellement
- Relativement peu de nutriments perdus par ruissellement
- Un peu de carbone (moins de pertes que de gains)
- Très peu d'érosion

Conséquences

Habitat diversifié qui procure des abris à nombreuses espèces animales, végétales et microscopiques.

- Retour d'eau pure vers les cours d'eau et la nappe phréatique
- Réduit le réchauffement planétaire en absorbant le CO_2
- Pas d'impact sur les sites d'enfouissement
- Pas d'impact sur les sources d'énergies non renouvelables

Dessins adaptés de Bormann, Herbert, et al. Redesigning the American Lawn, *Yale University Press, 1993 ©.*

Ce qui ENTRE dans l'écosystème

- Énergie solaire
- Précipitations
- Nutriments apportés par la pluie et la poussière
- Carbone atmosphérique (CO_2)
- Graines transportées par le vent

- Énergie fossile (essence pour les tondeuses)
- Eau pour l'arrosage
- Engrais
- Pesticides
- Graines à gazon ou gazon en plaques

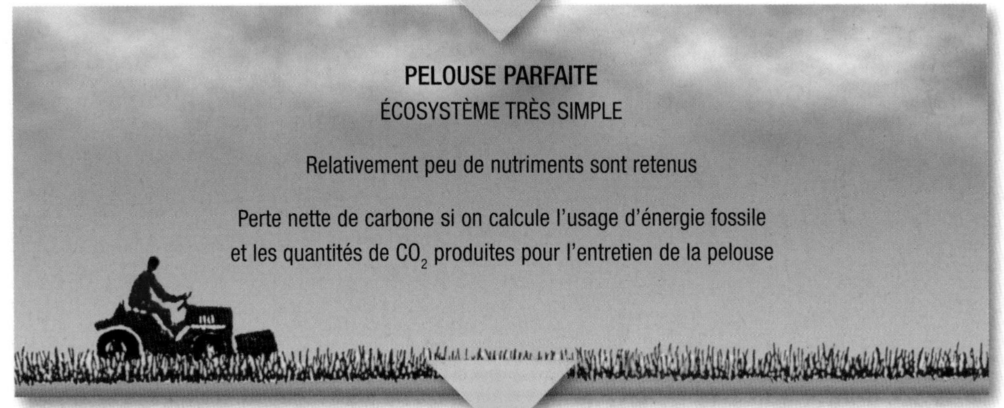

Ce qui SORT de l'écosystème

- Pertes d'eau par ruissellement
- Pertes de nutriments par ruissellement
- Pesticides délavés par les précipitations

- Plus de pertes que de gains en carbone
- Nutriments et pesticides éliminés avec le gazon coupé

Conséquences

- Habitat très peu diversifié qui remplace les plantes indigènes et les organismes associés*
- Contribution au réchauffement planétaire par la production de CO_2
- Impact majeur sur l'approvisionnement en eau potable des municipalités*
- Augmentation considérable des déchets**
- Pollution des cours d'eau*
- Contamination de la chaîne alimentaire par les pesticides**
- Impacts négatifs sur la santé des êtres humains**
- Utilisation de sources d'énergies non renouvelables

Cette pente abrupte doit être très difficile à entretenir !

Voici deux solutions sans tonte pour les endroits escarpés :

La coronille

Photo : Jean-Jacques Lincourt

Le lotier

COUVRE-SOLS

Certaines plantes vivaces ou arbustives forment des couvre-sols qui s'étalent généralement assez vite de façon à occuper totalement un espace et à le protéger. Les couvre-sols empêchent ainsi la croissance des plantes indésirables et l'érosion. Ils sont idéals dans les endroits qui ne sont pas très propices pour faire pousser une pelouse traditionnelle : trop ombragés ou trop ensoleillés, humides ou secs, rocailleux, en pente ou pour des situations difficiles. Par exemple, le gazon a beaucoup de difficultés à s'établir sous les arbres, parce qu'il y a trop d'ombre, ou pas assez d'eau, ou trop de racines ou tous ces facteurs à la fois. Dans d'autres cas, c'est un talus en pente vers le sud qui devient un véritable enfer pour la pelouse. Les couvre-sols constituent alors un substitut de premier choix qui demande très peu d'entretien, peu ou pas d'engrais et pas de pesticides.

Les couvre-sols sont surtout cultivés pour leur rapidité à couvrir une surface. On choisira alors des espèces qui rampent, soit par des stolons (pervenche) ou des rhizomes (muguet). Cependant, certaines espèces peuvent devenir très envahissantes, comme l'égopode ou la coronille, et auront tendance à envahir la pelouse voisine. Si cela vous dérange, assurez-vous de limiter l'expansion de votre couvre-sol avec une bordure profonde, sinon, il suffira de tondre le bord de votre massif pour le garder sous contrôle ou simplement de lui laisser envahir petit à petit un espace où il pourra prospérer à sa guise et sans doute bien mieux que du gazon.

Il y a un très vaste choix de textures, de grandeurs et de couleurs parmi les couvre-sols. Par exemple, il en existe avec des feuilles panachées, des nervures profondes, des feuilles larges ou étroites et des variétés qui peuvent atteindre un mètre de diamètre, comme certains hostas. Certaines espèces ont un feuillage persistant, comme la pervenche et la pachysandre. Il y a aussi des arbustes qui forment de très beaux couvre-sols, comme le genévrier rampant ou le cotonéaster. Une fois établis, ces arbustes résistent très bien à la sécheresse et sont excellents pour stabiliser un talus exposé au sud.

Mais les couvre-sols sont parfois cultivés principalement pour leur floraison spectaculaire ou parfumée. Ainsi, l'onagre illumine une grande partie de l'été avec ses fleurs d'un jaune éclatant, et qui ne succombe pas au parfum délicat du muguet ?

La plupart des couvre-sols sont offerts en petits pots dans les jardineries, mais certains sont disponibles en semences et permettent de couvrir de très grandes surfaces à entretien minimal, tels la coronille, le lotier, le trèfle et le thym qui peuvent être mêlés ou non aux graminées pour former des pelouses fleuries ou des massifs qu'il suffira de tondre une fois par année.

Pour planter un couvre-sol, préparez d'abord la surface en éliminant la pelouse ou les plantes sauvages. Ou encore, voyez comment éliminer la pelouse sans effort dans la section suivante sur les paillis (page 140). Bêchez le sol et ajoutez du compost pour les espèces qui aiment un sol riche et humide, ou ajoutez du sable pour les espèces qui demandent un sol pauvre. L'important, bien sûr, est de choisir la bonne espèce au bon endroit. Voyez les caractéristiques de chacune dans la liste

Il y a un très vaste choix de couvre-sols actuellement.

Photo : Thérèse Romer

Pour un entretien facile : plantez une seule espèce (ici une mer de muguet) et limitez son expansion avec la tondeuse à gazon.

Le thym est disponible en semences et peut occuper de grandes surfaces ensoleillées sur sol sec.

ci-dessous. Pour un entretien facile, je vous suggère de ne pas planter différentes espèces côte à côte. Pour chaque espace, choisissez une seule espèce de façon à couvrir une grande surface sans compétition et sans entretien. Commencez par de petits parterres et mettez du paillis entre les plants qui peuvent parfois prendre trois ans avant de couvrir complètement le sol. Surveiller les plantes indésirables pendant toute cette période. Une fois que le couvre-sol sera bien installé dans un espace qui lui convient, les plantes compétitrices auront beaucoup de difficulté à prendre racine et votre travail se limitera au strict minimum.

Les meilleurs moments pour planter un couvre-sol sont le printemps et l'automne. Surveillez les échanges de plantes où vous pourrez souvent vous procurer de grandes quantités de végétaux à très bas prix. Les gens qui ont des couvre-sols sont généralement très prêts à partager puisque ces plantes débordent souvent les limites que nous voulons leur imposer.

CHOIX DE COUVRE-SOLS

(Les zones de rusticité sont indiquées pour le Québec. Plus le climat est rigoureux plus le chiffre diminue)

ALCHÉMILLE
(Alchemilla mollis)

Lady's mantle

De culture très facile, l'alchémille forme des grappes de fleurs vert pâle et des feuilles lobées et arrondies, un peu argentées et cirées, qui font perler les gouttes d'eau. Elle se ressème très facilement d'elle-même et les fleurs sont très belles dans les bouquets frais ou secs. Elle pousse presque n'importe où, mais elle préfère les endroits mi-ombragés, un sol bien drainé mais frais.

Luminosité : soleil à mi-ombre

Hauteur : 20-45 cm

Espacement : 15-30 cm

Zone de rusticité : 4

Fleurs : verdâtres

POUR UN CLIMAT FROID OU TEMPÉRÉ

ASARET OU GINGEMBRE SAUVAGE
(Asarum canadense)

Wild ginger

L'asaret du Canada, ou gingembre sauvage, possède de jolies feuilles en forme de cœur qui disparaissent en hiver. Les fleurs, au ras du sol, sont insignifiantes. Le gingembre sauvage est une petite plante qui tolère les sols secs et ombragés. Elle est donc idéale sous les grands arbres où elle prolifère très rapidement sans envahir. La variété européenne *(A. europaeum)*, qu'on peut trouver dans les jardineries, possède des feuilles persistantes et luisantes. Elle est cependant beaucoup moins rustique que la variété canadienne.

Luminosité : mi-ombre à ombre

Hauteur : 15 cm

Espacement : 15-30 cm

Zone de rusticité : 3

Fleurs : marron

BERGÉNIE CORDIFOLIÉE
(Bergenia crassifolia)

Elephant's ears

Plante très vivace à feuilles persistantes, qui tolère une vaste gamme de conditions : ombre ou soleil, sols argileux ou sablonneux. Il prospère cependant le mieux à la mi-ombre dans un sol frais. C'est une des premières plantes à fleurir au printemps et ses feuilles tournent au pourpre en automne.

Luminosité : soleil ou ombre

Hauteur : 40-45 cm

Espacement : 30 cm

Zone de rusticité : 2

Fleurs : roses

BUGLE RAMPANTE *(Ajuga reptans)*

Bugleweed

Très appréciée pour son feuillage vert sombre, parfois bourgogne ou panaché d'après les cultivars. La bugle fait des fleurs bleues au printemps, mais on les remarque à peine. Elle s'étend rapidement par stolons et peut même envahir la pelouse voisine. Cette plante aime un sol riche et pousse aussi bien au soleil qu'à l'ombre.

Luminosité : soleil ou ombre

Hauteur : 10-15 cm

Espacement : 30 cm

Zone de rusticité : 3

Fleurs : bleues

CÉRAISTE TOMENTEUX *(Cerastium tomentosum)*

Snow-in summer

Plante tapissante au feuillage argenté et duveteux qui se couvre de fleurs blanches au printemps. Vendue comme plante de rocaille, elle est cependant très envahissante en compagnie des plantes délicates au développement plus restreint. Il vaut donc mieux la planter seule dans un endroit où vous pourrez laisser libre cours à son expansion. Elle prospère le mieux en plein soleil et en terrain sec. Le céraiste peut pourrir dans un sol trop humide.

Luminosité : plein soleil

Hauteur : 10-30 cm

Espacement : 30 cm

Zone de rusticité : 2

Fleurs : blanches

CORONILLE BIGARRÉE *(Coronilla varia)*

Crownvetch

Légumineuse très vivace aux fleurs roses ou lavande qui ressemblent à celles de la vesce jargeau. C'est une plante qui pousse presque n'importe où. Elle colonise des escarpements rocailleux abrupts, des bords de routes, des

résidus miniers et résiste même jusqu'en Alaska. Disponible en plants ou en semences. Par semis, elle prend environ trois ans à s'établir, mais après cela, elle sera très difficile à éliminer si vous changez d'avis! Elle n'est donc pas recommandée pour de petits jardins urbains mais plutôt pour de grands espaces verts et pour stabiliser des talus.

Luminosité: soleil

Hauteur: environ 50 cm

Espacement: 50 cm

Zone de rusticité: 1

Fleurs: roses

Taux de semis: 100 à 200 g pour 100 m^2

COTONÉASTER *(Cotoneaster horizontalis)*

Creeping cotoneaster

Arbuste bas tapissant bien le sol et très apprécié pour retenir une pente grâce à son système radiculaire. Il possède de petites feuilles caduques et des fleurs roses qui produisent des baies rouges très décoratives à la fin de l'été. Les cotonéasters me paraissent assez sensibles au froid, même les variétés dont la zone de rusticité est 3. D'après mes observations, c'est un arbuste qui gèle facilement lorsqu'il n'y a pas de neige au sol pour le protéger.

Luminosité: soleil à mi-ombre

Hauteur: 60-90 cm

Espacement: 1-3 mètres

Zone de rusticité: 3-4

Fleurs: roses

CYPRÈS RUSSE *(Microbiota decussata)*

Russian cypress

Arbuste conifère qui ressemble au genévrier mais avec un feuillage plus léger. Il tolère le soleil et l'ombre. Résiste très bien à la sécheresse et pousse donc bien dans les sols sablonneux.

Luminosité: soleil à ombre

Hauteur: 100-150 cm

Espacement: 100 cm

Zone de rusticité: 4

ÉPIAIRE LAINEUX *(Stachys byzantina)*

Lamb's-ears

Appelé aussi « oreilles d'agneau », l'épiaire possède des feuilles laineuses argentées qui forment un tapis serré. Les épis de fleurs violettes ne sont pas très beaux et la plupart des jardiniers les suppriment pour ne conserver que le feuillage. Le cultivar « Silver carpet » ne produit pas de fleurs. L'épiaire pousse en plein soleil et demande un sol bien drainé car il pourrit en sol humide.

Luminosité : soleil à mi-ombre

Hauteur : 20-40 cm

Espacement : 15-30 cm

Zone de rusticité : 3

Fleurs : violettes

GENÉVRIER RAMPANT *(Juniperus horizontalis)*

Creeping juniper

Conifère à port arbustif bas et rampant qui forme des coussins très denses. Feuilles écailleuses persistantes dont la couleur varie dans une vaste gamme de verts. Le genévrier pousse dans un sol bien drainé et tolère très bien la chaleur et le plein soleil. Excellent pour stabiliser une pente.

Luminosité : plein soleil

Hauteur : 15-60 cm

Espacement : 30-90 cm

Zone de rusticité : 3

GÉRANIUM VIVACE (*Geranium* sp.)

Hardy geranium

Je ne parle pas ici du pélargonium qui est vendu partout comme annuelle sous le nom de géranium. Il existe plusieurs variétés de vrais géraniums vivaces au feuillage très découpé et aux fleurs roses, bleues ou mauves. Ils poussent en plein soleil, mais sont plus beaux à la mi-ombre et dans les endroits secs. Ils se

ressèment souvent entre les dalles et forment des coussinets touffus qui fleurissent tout l'été. Le géranium à grosses racines *(Geranium macrorrhizum)* est particulièrement indiqué pour les endroits secs et ombragés. Les informations ci-contre sont pour le géranium sanguin *(Geranium sanguineum)*.

Luminosité : soleil à ombre

Hauteur : 10-30 cm

Espacement : 15-30 cm

Zone de rusticité : 3-4

Fleurs : roses, bleues ou mauves

HERBE AUX ÉCUS
(*Lysimachia nummularia* 'Aurea')

Moneywort

Cette petite lysimaque rampante au feuillage vert pâle ou jaunâtre (cultivar 'Aurea') pousse au soleil ou à la mi-ombre. Elle aime les sols humides et peut même pousser jusque dans l'eau. Elle peut devenir envahissante, mais elle se mélange très bien à la pelouse.

Luminosité : soleil à mi-ombre

Hauteur : 5 cm

Espacement : 30-45 cm

Zone de rusticité : 3

Fleurs : jaunes

HERBE-AUX-GOUTTEUX OU ÉGOPODE
(*Aegopodium podagraria* 'Variegatum')

Goutweed

Plante très envahissante qui s'étend par rhizomes. Elle est cependant très belle avec son feuillage vert pâle et panaché et elle forme un excellent couvre-sol, très compétitif avec les racines d'arbres. Plantez-la à l'ombre en massif isolé, mais jamais dans une plate-bande mixte car elle envahira toutes les autres plantes et sera très difficile à éliminer une fois qu'elle sera installée. Elle pousse n'importe où, mais préfère les sols frais et les endroits ombragés. Elle forme des fleurs blanches au début de

Luminosité : soleil à mi-ombre

Hauteur : 20-30 cm

Espacement : 15-30 cm

Zone de rusticité : 3

juillet. Après la floraison, les feuilles semblent faner et se couvrir de rouille, il suffit alors de les rabattre à environ 15 cm avec un taille-haie, elles reprendront rapidement toute leur vigueur.

FLEURS : BLANCHES

HOSTAS (*Hosta* sp.)

Plantain lily

Très belle plante d'ombre qui possède de nombreux cultivars aux feuilles étroites ou larges, parfois nervurées, vertes ou bleutées, panachées de jaune, etc. Certains hostas sont énormes et occupent facilement plus d'un mètre de diamètre à maturité. Les fleurs, plutôt discrètes par rapport au feuillage, sont bleues ou blanches, parfois mauves. C'est une plante sans soucis une fois qu'elle est installée et qui couvre de grands espaces ne demandant pratiquement plus aucun entretien.

Luminosité : mi-ombre à ombre

Hauteur : 10-120 cm

Espacement : 30-100 cm

Zone de rusticité : 3

Fleurs : blanches, bleues ou mauves

JOUBARBE (*Jovibarba* sp.)

Chicken and hens

Petite plante grasse qui se multiplie assez rapidement dans les endroits les plus secs. On l'utilise dans les rocailles et pour couvrir des toits verts.

Luminosité : plein soleil

Hauteur : 15 cm

Espacement : 5 cm

Zone de rusticité : 3

LAMIASTRUM
(*Galeobdolon luteum* 'Variegatum')

Yellow archangel

Vivace qui s'étend rapidement par stolons, au feuillage panaché. Elle ressemble beaucoup au lamier mais, contrairement à celui-ci, elle est rampante et peut même devenir envahissante si le sol est riche et bien drainé. Les fleurs sont jaune vif au début de l'été.

Luminosité : soleil ou ombre

Hauteur : 15-30 cm

Espacement : 30-60 cm

Zone de rusticité : 4-5

Fleurs : jaunes

LAMIER MACULÉ *(Lamium maculatum)*

Spotted dead nettle

Voilà un couvre-sol peu exigeant qui s'installera dans les endroits les plus sombres. Le lamier préfère cependant la mi-ombre, un sol bien drainé, riche et frais, alcalin ou légèrement acide. Ses feuilles vertes, panachées de blanc, en font un couvre-sol très décoratif. Il existe de nombreux cultivars aux fleurs mauves, roses ou blanches qui fleurissent du printemps jusqu'au début de l'été. Le lamier est envahissant, mais il se contrôle facilement car ses racines sont peu profondes.

Luminosité : mi-ombre à ombre

Hauteur : 15-20 cm

Espacement : 10-15 cm

Zone de rusticité : 3-5

Fleurs : mauves, roses ou blanches

LIERRE ANGLAIS *(Hedera helix)*

English Ivy

Plante grimpante ou tapissante à port arbustif et au feuillage persistant. Il a besoin d'un sol fertile, frais mais bien drainé. Très adaptable et pratiquement une mauvaise herbe sous les climats tempérés. Par contre, il n'est pas

toujours rustique en zone 5 lorsqu'il n'y a pas de couverture de neige. Les cultivars 'Wilsonii', 'Baltica', 'Bulgaria' et 'Thorndale' survivent sous la neige au jardin botanique de Montréal

Luminosité : mi-ombre à ombre

Hauteur : 7-10 m

Espacement : 30 cm

Zone de rusticité : 5

LOTIER CORNICULÉ *(Lotus corniculatus)*

Birdsfoot-trefoil

Une vivace de la famille des légumineuses, capable de fixer l'azote de l'air. Elle possède des feuilles délicates divisées en cinq folioles et de petites fleurs (1 cm) d'un jaune éclatant, groupées par cinq ou six. Le lotier se propage par semis et prend environ deux ans pour s'installer, mais il est très vigoureux et même envahissant une fois établi. Il se mélange très bien aux pelouses ensoleillées installées sur des sols pauvres, acides et secs. Il résiste relativement bien au piétinement sur une pelouse de détente, mais n'est pas conçu pour des terrains sportifs.

Luminosité : soleil

Hauteur : variété basse (Léo) 5-8 cm

Zone de rusticité : 2

Fleurs : jaunes

Taux de semis : 40 à 100 g par 100 m^2

MILLEPERTUIS À GRANDES FLEURS *(Hypericum calycinum)*

Sharon's rose

Plante tapissante au feuillage persistant et aux grosses fleurs jaunes. Le millepertuis est peu exigeant quant à la nature du sol et l'exposition. On peut le planter à l'ombre ou au soleil. Attention : il n'est pas rustique au Québec, mais il est couramment utilisé sous des cieux un peu plus cléments. Je l'ai cependant observé à 1000 m d'altitude dans un jardin en Suisse !

Luminosité : soleil à ombre

Hauteur : 20-40 cm

Espacement : 30 cm

Zone de rusticité : 6

Fleurs : jaunes

MOUSSE

(différents genres) Moss

Lorsqu'elle pousse dans la pelouse, plusieurs personnes détestent la mousse. Pourtant, si elle y prospère, c'est probablement la plante la mieux adaptée au milieu! En plus, il ne faut pas la tondre et elle est très douce sous les pieds. La plupart des genres de mousses poussent dans les endroits ombragés, humides et acides, mais certaines poussent en plein soleil!

Luminosité: généralement à l'ombre

Hauteur: 5cm

Espacement: 30cm

Zone de rusticité: très rustique là où elle pousse spontanément

MUGUET *(Convallaria majalis)*

Lily-of-the-valley

Le muguet est mon couvre-sol préféré pour ses fleurs blanches si odorantes qui embaument au printemps. Le feuillage dressé, vert vif, dépérit cependant un peu durant l'été. C'est une plante qui s'étend par des rhizomes très vigoureux et qui sera très difficile à éliminer une fois qu'elle sera bien installée. Ne la mêlez pas avec d'autres plantes, mais formez plutôt un grand massif à l'ombre, avec seulement du muguet que vous pourrez délimiter avec la tondeuse à gazon. Le muguet pousse bien dans un sol riche et frais, à l'ombre ou à la mi-ombre.

Luminosité: mi-ombre à ombre

Hauteur: 15-25cm

Espacement: 10-20cm

Zone de rusticité: 1

Fleurs: blanches

ONAGRE OU ŒNOTHÈRE (*Oenothera* sp.)

Evening primrose

Belle vivace très prolifique aux fleurs d'un jaune éclatant. Elle pousse au soleil ou à l'ombre légère, dans n'importe quel sol bien drainé.

C'est une plante assez haute avec la hampe florale, mais le feuillage se propage rapidement au niveau du sol. Certaines variétés sont plus rampantes que d'autres.

Luminosité : soleil à mi-ombre

Hauteur : 20-30 cm

Espacement : 15-30 cm

Zone de rusticité : 3

Fleurs : jaunes

ORPIN (*Sedum* sp)

Sedum

Cette petite plante grasse est généralement plantée dans les rocailles. Elle aime le plein soleil et un sol sec. Il existe plusieurs variétés à feuilles succulentes et aux fleurs de différentes couleurs. Choisissez celles qui peuvent s'étendre rapidement.

Luminosité : soleil

Hauteur : 5-10 cm avec les fleurs

Espacement : 30-45 cm

Zone de rusticité : 3

Fleurs : jaunes, roses ou rouges

PACHYSANDRE DU JAPON *(Pachysandra terminalis)*

Japanese spurge

Très belle plante aux feuilles composées, persistantes et luisantes. La pachysandre fait de petites inflorescences blanches assez insignifiantes à la fin du printemps. Le cultivar 'Variegata' possède un feuillage panaché. La pachysandre pousse à l'ombre ou au soleil dans un sol bien drainé, riche et frais. Elle est précieuse sous les arbres où elle forme un couvre-sol très dense faisant une bonne compétition aux racines des arbres restant vert toute l'année.

Luminosité : soleil ou ombre

Hauteur : 20-30 cm

Espacement : 30-60 cm

Zone de rusticité : 3

Fleurs : blanches

PERVENCHE *(Vinca minor)*

Periwinckle

Magnifique couvre-sol au feuillage luisant et persistant, couvert de petites fleurs bleues en avril. La pervenche se répand facilement par stolons pour former un tapis dense, même sous les arbres aux racines envahissantes comme l'érable argenté. La pervenche pousse surtout à l'ombre ou à la mi-ombre, mais elle tolère le soleil si le sol est riche et frais. Comme elle garde ses feuilles toute l'année, elle aura une longueur d'avance sur la pelouse à la fonte des neiges.

Luminosité : soleil ou ombre

Hauteur : 10-20 cm

Espacement : 20-40 cm

Zone de rusticité : 4

Fleurs : mauves

PHALARIS ROSEAU
(*Phalaris arundinacea* var. *picta*)

Ribbon grass

Graminée qui se propage rapidement par rhizomes. Elle forme des épis blancs ou roses, mais ce sont surtout les feuilles bordées de blanc qui font son attrait. Elle pousse dans les sols humides et même gorgés d'eau, à la mi-ombre ou au soleil tamisé. Comme beaucoup d'autres plantes envahissantes, il faut la planter seule et contrôler son expansion avec la tondeuse à gazon.

Luminosité : soleil tamisé à mi-ombre

Hauteur : 5-15 cm

Espacement : 15-30 cm

Zone de rusticité : 4

Fleurs : blanches ou roses

RAISIN D'OURS (*Arcto-staphylos uva-ursi)*

Bearberry

Petit arbuste tapissant très rustique, aux petites feuilles luisantes et persistantes. Les grappes de fleurs blanches produisent des baies rouges. Cet arbuste pousse au soleil ou

à la mi-ombre dans un sol sec ou sablonneux, légèrement acide.

Luminosité: soleil à mi-ombre

Hauteur: 15-30 cm

Espacement: 60 cm

Zone de rusticité: 2

Fleurs: blanches

THYM SERPOLET *(Thymus serpyllum)*

Wild thyme

Magnifique plante tapissante à très petites feuilles persistantes qui forme un tapis de fleurs roses durant l'été. Le thym serpolet aime les endroits ensoleillés, secs et chauds. Il résiste très bien au piétinement et se mêle admirablement aux graminées pour une pelouse exposée au sud qui prendra une teinte rosée durant tout l'été. Il y a plusieurs cultivars de thym serpolet, mais ils ne sont pas tous également rustiques, choisissez la variété sauvage. Disponible en semences, mais elles sont extrêmement coûteuses pour couvrir de grandes superficies!

Luminosité: plein soleil

Hauteur: 5 cm

Espacement: 15-30 cm

Zone de rusticité: 3-4

Fleurs: roses

Taux de semis: 50 g par 100 m^2

TRÈFLE BLANC RAMPANT *(Trifolium repens)*

White clover

Légumineuse vigoureuse à trois folioles (parfois quatre!), ornée de petites fleurs blanches. Disponible en graines, ce trèfle peut être semé sur de grandes surfaces pour faire une « pelouse » sans soucis que vous ne devrez tondre qu'une fois par an! Il peut être aussi mêlé aux graminées à gazon pour former une pelouse très écologique… mais qu'il faudra tondre régulièrement. Le trèfle pousse à peu près partout mais préfère le soleil ou la mi-ombre. Il germe rapidement, mais prend du temps à s'installer convenablement. Le trèfle

Luminosité: soleil à mi-ombre

Hauteur: 10-20 cm

Zone de rusticité: 3

Fleurs: blanches

Taux de semis: 80 à 100 g pour 100 m^2

ne tolère pas bien le piétinement intensif. Dans une pelouse de détente, il faudra ressemer de temps en temps pour avoir une couverture dense continuelle.

VIOLETTE (*Viola* spp.)

Sweet violet

Les violettes forment de petites touffes aux fleurs blanches ou violettes, qui se multiplient rapidement par semis. On les trouve naturellement dans les sous-bois ombragés mais aussi dans les pelouses ensoleillées, riches en humus.

Luminosité : mi-ombre à ombre

Hauteur : 10-20 cm

Espacement : 15-30 cm

Zone de rusticité : 3-4

Fleurs : blanches ou violettes

VIGNE VIERGE (*Parthenocissus quinquefolia*)

Virginia creeper

Cette plante très vivace qui se répand par stolons est généralement plantée pour grimper sur les clôtures et les murs rugueux. Ses feuilles composées de cinq folioles deviennent rouges en automne. Elle s'adapte à plusieurs types de sols, mais sa croissance est meilleure dans une terre riche et recouverte de paillis. J'ai remarqué que dès que j'en installe à proximité, elle couvre rapidement une superficie de plusieurs mètres carrés en un seul été. Il faut donc la contrôler si on ne veut pas la voir courir partout, mais elle s'arrache facilement et sa tige rampante peut servir à faire de très belles couronnes de Noël. Elle pousse au soleil ou à l'ombre.

Luminosité : soleil ou ombre

Hauteur : 15-30 cm

Espacement : 30-60 cm

Zone de rusticité : 3

Fleurs : vertes insignifiantes

PAILLIS

Dans certains cas, il est difficile de planter quoi que ce soit sous certains arbres, même un couvre-sol, tant les racines sont envahissantes et accaparent toute l'eau disponible. C'est ce qui arrive avec les frênes et certains érables qui sont magnifiques, mais dont le développement racinaire se fait en surface. Il est très difficile également de maintenir de la végétation sous les conifères à cause de l'acidité qu'ils créent. Si vous êtes aux prises avec un tel problème, mettez du paillis.

Le paillis est un matériau naturel servant à recouvrir le sol, que ce soit pour diminuer les plantes indésirables, contrôler l'érosion, protéger contre la sécheresse ou modérer les écarts de température (gel, dégel). Dans un potager, on peut se contenter de paille, mais dans un aménagement paysager, on est un peu plus exigeant sur le plan esthétique.

Il existe différente sortes de paillis dans le commerce : écorces de cèdre, écales de cacao ou de sarrasin, résidus de pruches ou de thuyas et même des petites roches ou des galets. Ces derniers sont bien propres et jolis lorsqu'ils viennent d'être installés ; malheureusement, après un an ou deux, des poussières et des feuilles mortes vont se loger entre les espaces et, même si vous avez prévu une toile géotextile en dessous, des plantes indésirables ne vont pas tarder à apparaître quand même. Ce n'est pas très facile d'entretien et cela n'améliore pas le sol. Je préfère donc de loin les paillis faits de matières végétales, qui se décomposent petit à petit et qui ne sont pas trop coûteux car il faut en ajouter régulièrement pour un effet optimal.

Un paillis, disponible en quantité appréciable en milieu urbain, c'est le bois déchiqueté par les compagnies d'élagage. On l'appelle également : le bois raméal fragmenté ou BRF. Le BRF est extrêmement riche en éléments nutritifs et il améliore le sol. Comme il se décompose petit à petit, il suffit d'en ajouter un peu chaque année pour avoir toujours un coup d'œil agréable. Il n'y a aucun danger

Comme le gazon pousse très mal sous les conifères, il vaut mieux y installer du paillis.

d'acidifier le sol, bien au contraire, car l'humus généré par le BRF a un effet régulateur sur le pH, comme le compost. Ce matériau est généralement gratuit ou presque ; le problème, c'est qu'il est souvent assez grossier et qu'il faut accepter la livraison d'un camion complet, ce qui n'est pas toujours évident en ville ! Dans tous les cas, il faut choisir un entrepreneur qui entretient bien sa déchiqueteuse et qui produit de beaux petits copeaux homogènes. Consultez l'annuaire de téléphone pour connaître les compagnies qui travaillent dans votre région ou informez-vous auprès de votre municipalité pour savoir si elle récolte les branches coupées et ce qu'elle en fait. Certaines villes conservent une provision de BRF pour leur propre usage et elles ont généralement un surplus à partager avec les citoyens. Comme c'est un matériau qui permet d'économiser l'eau, les municipalités auraient tout intérêt à en distribuer pour encourager leur utilisation.

Entourez les jeunes arbres d'une couronne protectrice de paillis en prenant soin de dégager la base du tronc.

Les jeunes arbres plantés dans une pelouse devraient tous avoir du paillis à leur base pendant les cinq premières années au moins après la plantation. En effet, le gazon fait une compétition non négligeable aux racines superficielles d'un nouvel arbre. De plus, les tondeuses à gazon et les débroussailleuses (coupe-bordures) infligent souvent aux troncs délicats de vilaines blessures qui deviennent des entrées pour les maladies et les parasites. Appliquez 10 à 15 cm de paillis sous la couronne de l'arbre et diminuez l'épaisseur à la base du tronc, pour éviter que des rongeurs ne s'y cachent durant l'hiver et ne viennent gruger l'écorce tendre.

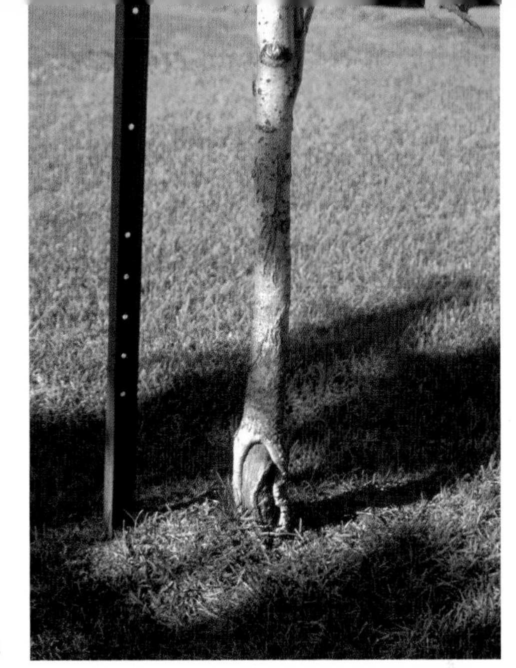

Les coupe-bordures et les tondeuses infligent de vilaines blessures aux arbres.

CRÉATION D'UN JARDIN D'OMBRE

Le paillis est idéal pour diminuer une surface gazonnée sur un terrain où les arbres vous donnent de plus en plus d'ombre. Il est beaucoup plus simple de supprimer une partie de la pelouse que d'essayer de faire pousser du gazon à l'ombre. Le paillis peut aussi être une étape intermédiaire avant d'installer un couvre-sol et cela fera le plus grand bien à vos arbres.

Pour éliminer ce qui reste de pelouse sans effort, étendez plusieurs épaisseurs de journaux mouillés (sept à dix feuilles), de carton ou de papier brun épais. Mettez environ 3 à 5 cm de compost par-dessus avant d'épandre 5 à 10 cm de bois raméal (BRF). Plus l'épaisseur de copeaux est importante, plus le matériel devra être grossier pour conserver une bonne aération. Laissez les feuilles d'automne en place lorsqu'elles tombent sur le paillis qui se décomposera petit à petit. Après six mois

Si vous avez un coin de pelouse qui dépérit à l'ombre d'un grand arbre…

étalez des journaux sur ce qui reste de pelouse…

recouvrez d'un peu de compost…

appliquez du paillis…

ou laissez les feuilles mortes en automne…

et plantez un couvre-sol l'année suivante au besoin.

ou un an, le papier se sera décomposé et vous pourrez travailler le sol beaucoup plus facilement pour planter ce que vous voudrez à travers le paillis.

Vous pouvez créer ainsi un sous-bois et y installer petit à petit une multitude de plantes d'ombre. Si vous voulez mettre des plantes indigènes, n'allez surtout pas les cueillir dans la nature. Plusieurs espèces sont menacées d'extinction et supportent d'ailleurs très mal la transplantation. Achetez-les plutôt auprès d'une compagnie spécialisée qui cultive les plants à partir de semences.

Si vous désirez avoir un peu de couleur sous un arbre aux racines très envahissantes, plantez des fleurs annuelles dans des contenants et enterrez ceux-ci entre les racines. Vous aurez beaucoup plus de succès que si vous essayez de les planter en pleine terre.

MATÉRIAUX INERTES ET AMÉNAGEMENTS DIVERS

Dans les endroits où la circulation est intense et où l'accès est difficile avec la tondeuse à gazon, vous auriez tout avantage à utiliser des matériaux inertes comme des pavés imbriqués, des dalles, du gravier, du bois, etc. Ces matériaux sont idéals pour réaliser de petits patios ou des coins à dîner. Il n'y

Une maison sous les arbres ne demande rien de plus qu'un décor de sous-bois, agrémenté ici de quelques fleurs peu exigeantes.

a rien de pire que de devoir déplacer des tables et des chaises pour tondre le gazon et celui-ci aura bien piètre allure si l'espace est souvent piétiné. Cela ne vous empêche pas de décorer votre terrasse avec des plantes en pots. Les matériaux inertes sont sans doute plus coûteux que de la pelouse, mais ils demandent beaucoup moins d'entretien et sont généralement très durables. Planifiez soigneusement ces espaces avant de les installer car on ne les déplace pas chaque année.

Les matériaux inertes sont tout indiqués pour les espaces très fréquentés.

Dans les aménagements classiques, on prévoit souvent une terrasse ou un patio entre la maison et la pelouse pour y installer une table

Pas besoin de tondeuse pour ce petit jardin.

Si votre cour arrière est trop petite, supprimez la pelouse en avant pour admirer vos plantes favorites et en faire profiter les voisins !

de pique-nique ou un véritable salon de jardin. Cependant, il est fort intéressant d'aménager de tels espaces dans différents coins du jardin, de façon à profiter davantage de toute la superficie de votre terrain. Vous pouvez créer ainsi des petits coins de repos ou une retraite à l'ombre d'un arbre. Dans les aires de jeux, vous pouvez étendre du sable pour amortir les chutes des enfants et éviter les plantes indésirables en passant le râteau plusieurs fois au cours de l'été.

Et pourquoi ne pas rompre avec le traditionnel gazon en avant de la maison ? En ville, un espace de 10 ou même de 50 m² sera bien plus intéressant avec un aménagement de vivaces ou un mélange d'annuelles qu'une pelouse. Il y a l'embarras du choix pour toutes les bourses et pour tous les goûts. Mais même sur un terrain plus grand, un aménagement paysager bien planifié peut vous permettre de remplacer, par étapes, la totalité de votre pelouse par des plantes vivaces, de façon à pouvoir ranger définitivement la tondeuse. Si, par exemple, votre cour arrière est occupée par de grands arbres qui vous empêchent de cultiver vos fleurs préférées, pourquoi ne pas réaliser de grands parterres au soleil en avant ?

Un jardin « zen » pourrait être l'excellent substitut d'une pelouse qui se fait cuire au soleil et dévorer par les punaises. Il paraît que certains États américains au climat aride donnent des primes aux citoyens qui remplacent leur pelouse par des plantes adaptées aux conditions désertiques. Les anglophones appellent cela du « xeriscaping » qui a été traduit par « xéropaysagisme ». J'ai écrit un livre[31] à ce sujet avec Jacques Bougie en 2004.

Dans tous les cas, on aura avantage à réduire la surface de la pelouse, en avant comme en arrière de la maison, et à la remplacer par des fleurs, des arbres et des arbustes. Les aménagements paysagers créent une diversité d'habitats pour les insectes prédateurs et les oiseaux. Les arbres et les arbustes produisent de l'ombre et réduisent la température, tant sur le terrain que dans la maison. Ils peuvent aussi diminuer le vent à la campagne et diminuer le bruit et la pollution en ville.

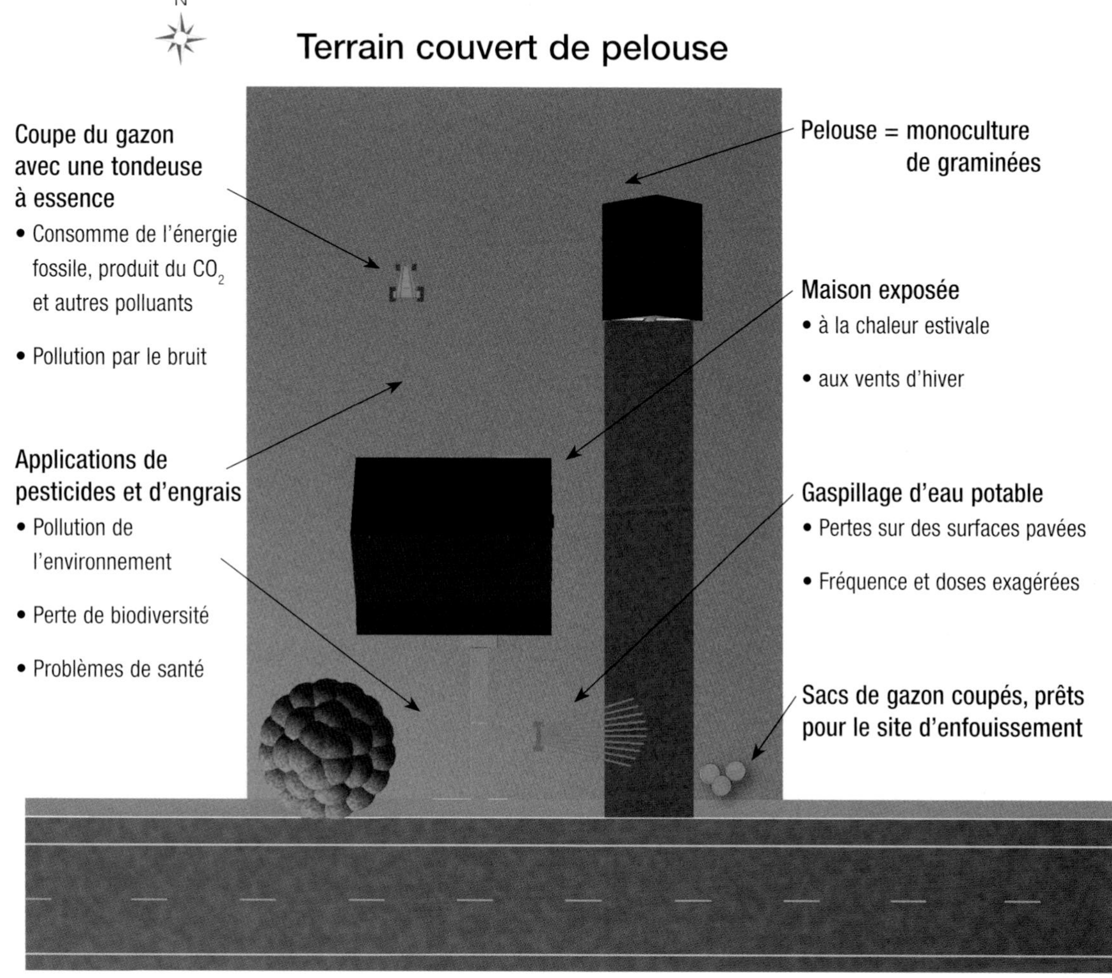

Dessins d'après Bormann, Herbert, et al. Redesigning the American Lawn, *Yale University Press, 1993 ©.*

Voici un terrain typique standard, avec une maison et une pelouse uniforme. Les commentaires illustrent la problématique d'un tel aménagement et les dessins suivants montrent comment il est possible d'obtenir un environnement plus sain.

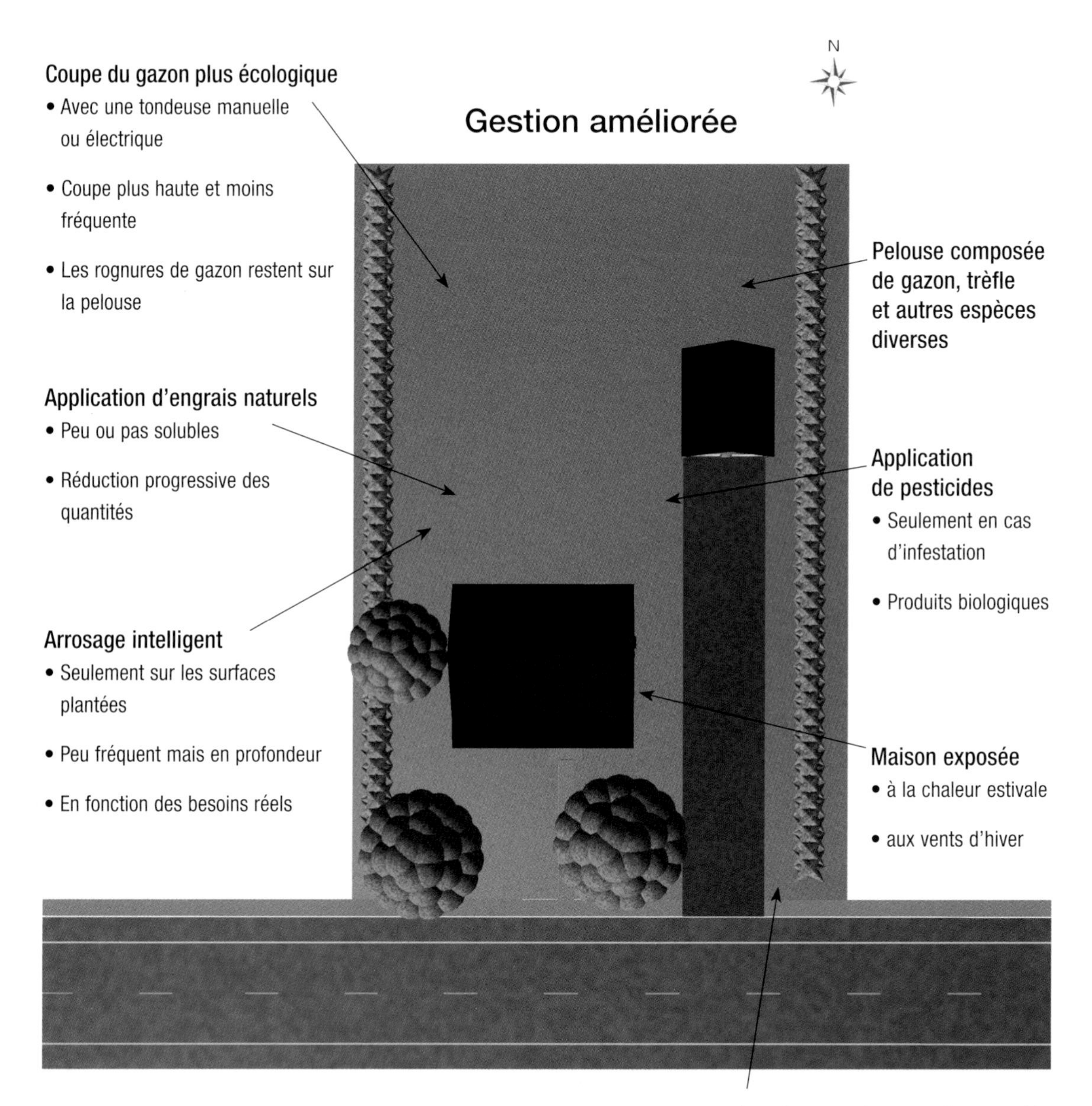

Sans changer l'aménagement du terrain, une gestion améliorée de la pelouse permet déjà de réduire les impacts sur l'environnement, aussi bien localement que globalement.

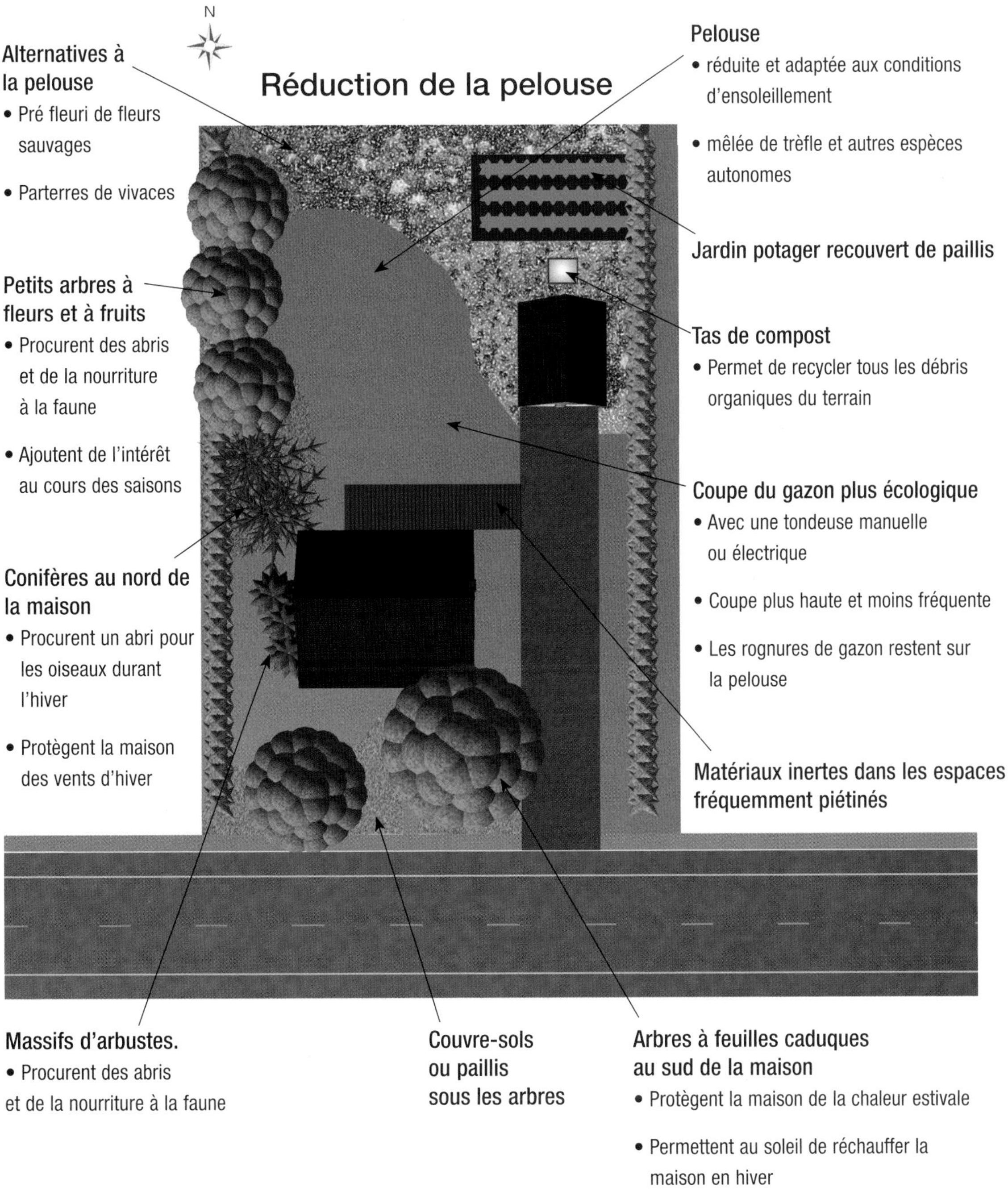

N

Réduction de la pelouse

Alternatives à la pelouse
- Pré fleuri de fleurs sauvages
- Parterres de vivaces

Pelouse
- réduite et adaptée aux conditions d'ensoleillement
- mêlée de trèfle et autres espèces autonomes

Jardin potager recouvert de paillis

Petits arbres à fleurs et à fruits
- Procurent des abris et de la nourriture à la faune
- Ajoutent de l'intérêt au cours des saisons

Tas de compost
- Permet de recycler tous les débris organiques du terrain

Coupe du gazon plus écologique
- Avec une tondeuse manuelle ou électrique
- Coupe plus haute et moins fréquente
- Les rognures de gazon restent sur la pelouse

Conifères au nord de la maison
- Procurent un abri pour les oiseaux durant l'hiver
- Protègent la maison des vents d'hiver

Matériaux inertes dans les espaces fréquemment piétinés

Massifs d'arbustes.
- Procurent des abris et de la nourriture à la faune

Couvre-sols ou paillis sous les arbres

Arbres à feuilles caduques au sud de la maison
- Protègent la maison de la chaleur estivale
- Permettent au soleil de réchauffer la maison en hiver

En remplaçant une partie de la pelouse par des arbustes, des fleurs ou autres plantes ornementales, on peut d'obtenir un aménagement plus diversifié qui aura beaucoup moins d'impacts négatifs sur l'environnement.

RÉALISATION D'UN PRÉ FLEURI

De nombreuses compagnies de semences offrent des mélanges de fleurs sauvages accompagnés de magnifiques illustrations qui font penser aux tableaux de Monet : coquelicots, centaurées, cosmos... Une palette de couleurs irrésistible qui a déjà tenté plus d'un jardinier en quête de changement. Malheureusement, il ne s'agit pas de semer les fleurs à la volée dans une pelouse établie, même si elle est clairsemée. La réalisation d'un pré fleuri est beaucoup plus complexe et coûteuse qu'on ne le pense, mais le résultat en vaut la peine.

Pour installer notre pré fleuri, nous avons d'abord semé du sarrasin afin d'améliorer le sol lourd et d'éliminer les plantes indésirables.

Dans les années quatre-vingt-dix, j'avais dirigé la réalisation d'un vaste pré fleuri d'environ 1500 m^2 à l'entrée de ma ville, afin de démontrer qu'il n'est pas nécessaire de passer la tondeuse partout pour obtenir un espace attrayant. Pour rendre l'espace plus visible de la voie publique, les travaux publics avaient commencé par nous apporter plus d'un mètre d'épaisseur de terre argileuse sur le site. Loin de nous décourager, nous avons entrepris de travailler cette butte mécaniquement et nous avons opté pour un mélange d'annuelles qui fleuriraient tout l'été. La première année fut un succès total : des milliers de coquelicots, centaurées, gypsophiles et plus tard les cosmos ravissaient les passants et les félicitations venaient de partout. Les gens arrêtaient pour cueillir des fleurs ou pour se faire photographier devant notre pré fleuri. Il y avait aussi quelques graminées et autres plantes moins fleuries, mais elles étaient perdues dans la mêlée des couleurs qui faisaient l'admiration de tous. Malheureusement, les plantes les moins

Il fallait ensuite enfouir l'engrais vert...

niveler la surface et semer nos fleurs à la volée.

attrayantes semblent avoir produit beaucoup plus de semences que nos fleurs annuelles, pas très indigènes, et l'année suivante le pré était beaucoup plus vert que coloré, malgré un semis supplémentaire de fleurs mélangées au printemps. Il fallait se rendre à l'évidence : cet aménagement allait demander beaucoup plus de travail qu'une pelouse ! Nous avions fait l'erreur d'introduire des plantes ni agressives, ni résistantes à notre climat sur un terrain bouleversé et un sol extrêmement lourd.

Pour avoir du succès avec un pré fleuri d'annuelles, il faudrait retourner le sol chaque année, répandre de l'herbicide et ensuite semer de nouvelles graines chaque printemps. Une méthode coûteuse et très peu écologique. Cela peut s'appliquer à de petites surfaces, à condition de remplacer les herbicides par le désherbage manuel, mais cela reste très laborieux.

Une dizaine d'années plus tard, j'ai répété l'expérience sur mon propre terrain. Mon mari ayant pris sa retraite, nous avons construit une maison à la campagne sur un grand terrain de 1,5 hectare. Après la construction, il fallait végétaliser une surface de près de 2000 m^2 bouleversée par la machinerie, le champ d'épuration, la terre d'excavation, etc. Pas question de mettre du gazon partout, ce qui aurait demandé des heures de tonte hebdomadaire. Nous avons donc opté pour un pré fleuri qui a quand même exigé passablement d'efforts les deux premières années.

Quelques annuelles nous ont récompensé de nos efforts la première année…

mais les vivaces se sont manifestées surtout à partir du deuxième printemps…

et les fleurs se succèdent maintenant chaque été.

Comme notre terre d'excavation était très argileuse, nous l'avons d'abord amendée avec du sable et du compost au printemps 2003. Le fermier voisin est venu labourer tout cela et nous avons ensuite semé du sarrasin pour alléger le sol argileux et éliminer des plantes comme le chiendent et le liseron. Nous espérions semer notre mélange de vivaces à la fin de l'été. Malheureusement, il faisait extrêmement sec et l'arrosage était exclu sur une telle superficie. Nous avons donc semé du seigle d'hiver (moins coûteux) et attendu au printemps 2004 pour semer les fleurs. J'ai essayé trois mélanges différents : deux mélanges de vivaces de deux compagnies distinctes (dont un mélange spécial pour sols lourds) et mon propre mélange, récolté alentour et qui contenait aussi quelques annuelles de mon ancien jardin de banlieue. L'effet des pavots et des cosmos en fleurs nous donnait déjà un peu d'espoir le premier été, mais je savais que je ne les reverrais plus l'année suivante. C'est en 2005 que nous avons vraiment été récompensés de nos efforts avec la floraison des vivaces : des milliers de marguerites et de lupins sont apparus en juin, ensuite est venu le tour des rudbeckies, des échinacées, des achillées et des carottes sauvages en juillet et août, pour finir avec les asters en automne. Les deux années suivantes, d'autres espèces sont apparues, comme des miscanthus, des monardes, des eupatoires et plusieurs sortes de composées. Je dois dire que le mélange pour sols argileux réussit mieux que l'autre mélange commercial, meilleur marché, et les plantes sont plus intéressantes. Nous avons tondu des sentiers à travers notre pré fleuri

Il ne faut pas être trop exigeant, le plus simple est d'accepter ce que la nature nous donne.

et nos petits-enfants s'en donnent à cœur joie dans ce labyrinthe fleuri. C'est aussi un plaisir sans cesse renouvelé que d'observer les milliers de papillons et autres insectes qui butinent toutes ces fleurs ! Nous n'avons plus maintenant qu'un fauchage annuel à faire pour éviter que les plantes ligneuses ne s'installent et conserver un aspect de prairie. Je m'attends toutefois à ce que la verge d'or, qui pousse partout alentour, se réinstalle progressivement et ce sera très bien aussi.

Je pense que les prés fleuris ont une place de choix dans les aménagements de l'avenir, mais il faut être réaliste et patient. On ne peut pas espérer une floraison continue ; il faut accepter ce que la nature peut nous offrir à un endroit donné. Choisissez des vivaces qui poussent en abondance dans votre région, qui conviennent au sol de votre terrain et qui ne demandent pas d'entretien. Ou encore, pour un pré fleuri sans souci, arrêtez simplement de tondre le gazon et laissez faire la nature : les résultats sont parfois surprenants.

Si l'expérience vous intéresse, je vous recommande de visiter ce site internet : http://www.horticulture-indigo.com/

CHAPITRE 12

LES GRANDS **ESPACES VERTS**

Et qu'en est-il de ces espaces collectifs tondus à grands frais, comme les grands parcs urbains ou les zones industrielles ? Il faut dire que de grands progrès ont été faits dans ce domaine depuis la première édition de ce livre en 2000. Mais il y a encore trop de grands espaces fauchés et on se demande encore une fois : d'où nous vient cet amour inconditionnel pour la tondeuse à gazon et l'uniformité ? Avons-nous vraiment besoin de pelouses dans les grands espaces verts ? Ne serait-ce pas une autre expression de notre fâcheuse tendance à dominer la nature ?

LE CONTRÔLE DE L'HERBE À POUX

La peur de l'herbe à poux *(Ambrosia artemisiifolia)* est un facteur qui, pendant des décennies, a plaidé pour le fauchage systématique de toute végétation sauvage aux abords des villes nord-américaines. Comme on le sait, le pollen de l'herbe à poux cause des allergies respiratoires (rhume des foins) chez au moins 10 % de la population depuis la floraison jusqu'aux premières gelées[19]. Il ne faut pas la confondre avec l'herbe à la puce *(Rhus toxicodendron)* qui provoque de vives irritations cutanées. L'herbe à poux semble accompagner l'être humain partout dans son sillage, car elle pullule au bord des routes, des champs et sur les terrains vacants, mais elle semble moins problématique en Europe. Pour éviter les inconvénients engendrés par

l'herbe à poux, les moyens les plus répandus sont l'arrachage, le fauchage et l'utilisation d'herbicides. Il faut bien sûr arracher les plants avant la floraison et les mettre dans des sacs s'ils sont déjà en fleurs ou à la veille de fleurir.

Ces plantes agressives font la vie dure à l'herbe à poux.

Photo : Jean-Jacques Lincourt

Malheureusement, ces opérations doivent être répétées constamment, car la plante est très prolifique et les graines peuvent subsister jusqu'à 40 ans dans le sol.

Cependant, on s'est aperçu que cette espèce nuisible était beaucoup moins abondante dans les endroits non perturbés par les activités humaines. L'herbe à poux est une annuelle, une opportuniste qui germe très rapidement dès qu'il y a un espace à découvert. Par contre, dès que d'autres plantes vivaces agressives, ou mieux adaptées au milieu, s'installent, elle n'a plus de place et disparaît progressivement. Alors, plutôt que de faucher sans arrêt une zone infestée, ne vaudrait-il pas mieux y laisser prospérer des plantes qui lui feraient compétition ? Bien sûr, il faut parfois encourager la nature dans les endroits qui viennent d'être bouleversés, compactés ou qui sont trop pauvres, et semer des espèces vigoureuses comme le trèfle, le lotier, le mélilot, la lupuline ou l'achillée, capables de couvrir le sol rapidement en attendant la relève. La Ville de Montréal a essayé différents mélanges de plantes dans certains terrains vagues depuis 1996. Il reste encore beaucoup de chemin à faire pour que la population accepte ces terrains non fauchés, mais l'expérience a été couronnée de succès pour ce qui est du contrôle de l'herbe à poux lorsque l'ensemencement était bien approprié au site.

Un autre élément important à considérer ici, c'est la sensibilité croissante de la population aux allergènes. Les écoles prévoient maintenant des trousses d'urgence pour intervenir en cas de crise d'allergie aiguë. Ce qui était autrefois l'exception devient la norme ! À mon avis, ce n'est pas à l'herbe à poux qu'il faut s'attaquer, mais à la cause de cette hypersensibilité. Il y a sûrement plusieurs facteurs à considérer, mais on sait déjà que de très petites doses de pesticides ont des effets subtils sur le système immunitaire. Si l'on commençait par éliminer les sources de pollution dans et autour de la maison ?

AUTOROUTES FLEURIES

Le fauchage de milliers de kilomètres de gazon le long des autoroutes représente des sommes d'autant plus importantes qu'elles sont récurrentes et c'est malheureusement une pratique encore fréquente en Amérique du Nord. Cette façon de faire entraîne une banalisation du paysage et empêche la flore et la faune indigènes de s'épanouir.

Heureusement, depuis l'été 1998, le ministère des Transports du Québec a entrepris un projet de naturalisation sur les autoroutes qui s'est étendu à tout le réseau routier en 2000. Seule une bande de deux mètres en bordure de la

Toutes les autoroutes du Québec sont à présent naturalisées.

voie est fauchée régulièrement afin de contrôler l'herbe à poux. Les pratiques de naturalisation ne compromettent pas la sécurité routière, bien au contraire. La hauteur de la végétation dans la zone centrale diminue l'éblouissement nocturne. Les véhicules en perte de contrôle sont ralentis d'une façon beaucoup plus efficace par des plantes matures (parfois plus de 1 m de haut) que par une surface fauchée. Cela ne pourra pas empêcher les chauffards de quitter la route, mais cela évitera peut-être qu'ils aillent emboutir une voiture en sens inverse. Après quelques années, la végétation arbustive pourra freiner le vent et la poudrerie en hiver, ce qui rendra la route plus sécuritaire tout en diminuant l'entretien hivernal et le bruit. De plus, les plantes fleuries créent une diversification du paysage qui accroît l'attention des voyageurs sur des autoroutes monotones.

Cette initiative a commencé au cours des années quate-vingt dans plusieurs pays européens. Aux États-Unis, environ 50 % des emprises routières ne sont plus fauchées et l'on y plante même des millions de végétaux pour donner un coup de pouce à la nature. En Belgique, le programme est implanté depuis si longtemps qu'on a l'impression de circuler dans des parcs ou des réserves naturelles plutôt que sur des autoroutes. La France est un autre bel exemple de naturalisation au point que certaines espèces rares se retrouvent maintenant le long de ces voies de circulation où il n'est pas permis de circuler à pied et donc de cueillir des fleurs ! Au Québec, ce changement a reçu un accueil enthousiaste et la méthode a été normalisée au ministère des Transports. Par ailleurs, les responsables du projet ont reçu plusieurs prix pour leur initiative.

NATURALISATION DES PARCS URBAINS

Que ce soit pour des raisons économiques ou écologiques, de plus en plus de villes dans le monde révisent les méthodes d'entretien des espaces verts pour les naturaliser. Il s'agit en général de zones moins fréquentées dans de grands parcs, le long des pistes cyclables ou dans des endroits difficiles d'accès comme des talus.

Naturaliser un espace vert peut se faire de diverses façons, évidemment, en fonction des objectifs à atteindre : est-ce qu'on veut obtenir des fleurs ou simplement un couvre-sol ? Est-ce qu'on veut des arbres, un boisé, un brise-vent ? Il faudra déterminer le potentiel du site : sec, humide, talus, genre de terre, etc. Et finalement, il ne faut pas négliger la clientèle qui fréquente ou voit l'espace à naturaliser. Sa collaboration est essentielle pour la réussite du projet et il y a un grand travail de sensibilisation à effectuer avant de commencer le travail.

Dans la plupart des cas, la naturalisation vise à diminuer les frais d'entretien à long terme, à supprimer la nécessité d'utiliser des pesticides, à favoriser l'installation de plantes mieux adaptées au milieu et à créer de nouveaux habitats pour la faune. Ce dernier élément constitue un attrait fort intéressant pour les citoyens, en particulier les jeunes.

En Belgique, de vastes espaces ne sont fauchés qu'une fois par an pour permettre à la faune de nicher au sol au printemps.

Une des méthodes les plus simples pour naturaliser un parc consiste à limiter ou suspendre complètement la coupe du gazon. Petit à petit, ces espaces vont se transformer en prairie ou en boisé, en fonction de la qualité du sol, de l'humidité, de l'exposition et de

Le gazon pousse très mal sous les arbres. Il vaudrait beaucoup mieux naturaliser cet espace.

La berge du lac du Village à Saint-Bruno-de-Montarville en 1990.

La même berge en 1996 retient beaucoup mieux le sol et filtre les eaux de ruissellement.

la diversité des alentours. Si les plantes qui poussent naturellement sont peu intéressantes, il est possible de semer des fleurs plus attrayantes ou de planter des arbres et arbustes adaptés au site de façon à recréer rapidement un espace qui deviendra autonome. Il ne s'agit pas de laisser le parc à l'abandon mais d'intervenir de façon sélective. Ce qui est certain, c'est que cette grande diversité de plantes va attirer quantité d'insectes et d'oiseaux de toutes sortes, soit un milieu beaucoup plus varié que si l'on avait conservé la pelouse.

Entre 1992 et 1996, Nature-Action Québec a réalisé une expérience fort intéressante de naturalisation pour la ville de Saint-Bruno-de-Montarville.

Il s'agit de deux parcs situés autour des lacs du Village et du Ruisseau et qui étaient extrêmement urbanisés au début des années quatre-vingt-dix : il y avait des pelouses partout, jusque dans un boisé et sur les berges où l'érosion était fort importante. Au parc du Ruisseau, le sous-bois avait été éliminé dans les années soixante-dix pour des raisons de « propreté » et de sécurité nocturne, ce qui laissait libre cours au piétinement intensif. Les feuilles étaient ramassées à l'automne et le sol était devenu extrêmement compact. La flore et la faune indigène avaient pratiquement disparu, à l'exception des arbres, qui dépérissaient néanmoins. Par ailleurs, les deux lacs subissaient une dégradation importante à cause de l'accumulation des sédiments (érosion des berges dénudées en amont) et des apports d'engrais chimiques utilisés sur les terrains publics et privés des environs.

Le projet entrepris par Nature-Action Québec consistait à ramener en ville la flore et la faune indigène du parc provincial tout proche et pour cela il fallait recréer des habitats propices.

La première opération fut de suspendre la coupe du gazon en bordure des lacs. Ensuite, il s'agissait de reconstituer le sous-bois au parc du Ruisseau : des tonnes de copeaux d'élagage (bois raméal fragmenté ou BRF) ont été apportés au sol pendant quatre ans de façon à refaire une couche d'humus et à créer un habitat propice aux plantes indigènes. Quelques spécimens ont été plantés pour aider la nature, mais la végétation la plus vigoureuse est encore celle qui est venue spontanément. De vastes massifs de fleurs ont permis d'attirer diverses espèces d'oiseaux ou d'insectes et une centaine de nichoirs complétaient les aménagements.

Pour supprimer la pelouse sur de grandes surfaces : étalez du papier brun épais...

... et recouvrez de paillis (ici du bois raméal fragmenté).

Le parc du Ruisseau a été planté exclusivement de plantes indigènes, alors que des variétés plus ornementales ont été introduites au lac du Village afin de faire une transition en douce avec le milieu urbain. On a créé les parterres de vivaces et d'arbustes en étouffant la pelouse avec une épaisse couche de bois raméal (10 cm) posée sur une couverture de papier Kraft (papier brun). Cette façon de faire élimine les plantes indésirables en leur coupant la lumière pendant au moins six mois et permet de planter un an plus tard, avec un minimum d'efforts, alors que les vers de terre ont labouré le sol en profondeur sous la litière de BRF.

Photo : Claire Lemieux

Le même espace 12 ans plus tard !

Le projet a été complété par la réalisation d'une vidéocassette sur l'aménagement écologique des berges et par l'installation d'une quinzaine de panneaux d'interprétation

Le parc du Ruisseau à Saint-Bruno-de-Montarville en 1990.

Le même endroit en 1996 est devenu beaucoup plus intéressant.

qui se retrouvent au bord des lacs et du ruisseau du Moulin, jusqu'au parc du Mont-Saint-Bruno en passant par le parc Tailhandier. Ces installations permettent aux promeneurs de découvrir les différentes richesses de notre flore et de notre faune et soulignent l'importance de conserver les habitats naturels.

DES CYANOBACTÉRIES DANS LES LACS !

En pleine nature, les lacs sont toujours entourés d'une végétation dense qui protège les berges de l'érosion, filtre les sédiments et les polluants, ombrage le littoral et protège ainsi la qualité de l'eau. Malheureusement, dès que des humains viennent s'installer au bord d'un lac, ils éliminent la végétation naturelle pour y transposer leurs aménagements urbains et en particulier des pelouses abondamment fertilisées qui descendent souvent jusque dans l'eau.

Photo : Claire Lemieux

Lac affecté par les cyanobactéries.

Le Québec compte un demi-million de lacs. C'est l'endroit où il y a le plus d'eau douce au monde (3 %) et les Québécois en sont très fiers. Mais depuis une vingtaine d'années, certains plans d'eau ont commencé à montrer des signes de dégradation évidents. Des plantes aquatiques (comme la myriophylle à épi) et des algues filamenteuses rendent les activités aquatiques moins intéressantes et même des cyanobactéries toxiques ont fait leur apparition. L'agriculture surtout était pointée du doigt jusqu'à présent. Mais voilà que depuis deux ans, la prolifération de cyanobactéries crée tout un émoi autour d'une multitude de lacs (77 lacs affectés en 2006 et 169 en 2007) et plusieurs d'entre eux sont loin des activités agricoles. Lorsque tout le lac est atteint, les conséquences sont désastreuses pour l'économie locale : on ne peut plus boire l'eau du lac et, dans certains cas, on ne peut même plus se baigner, ni se laver avec l'eau contaminée. Cela occasionne des pertes considérables pour les auberges et tous les commerces qui profitent de la manne des touristes. Les causes de cette eutrophisation sont bien connues : ce sont surtout les apports de phosphore qui favorisent la croissance de plantes aquatiques et d'algues. La présence massive de cyanobactéries toxiques dans de nombreux lacs québécois inquiète beaucoup les riverains depuis quelques années car, dans certains cas, même les activités aquatiques ont été interdites.

Les systèmes septiques désuets, les savons riches en phosphates (surtout pour le lave-vaisselle) et les activités agricoles sont également à blâmer, bien sûr, mais comment faire changer les agriculteurs si nous continuons d'appliquer des engrais solubles sur nos pelouses ? Il faut dire que les engrais naturels sont à déconseiller également au bord de l'eau car, naturel ou pas, le phosphore peut aboutir dans l'eau et favoriser la végétation aquatique tout autant que le gazon. Des aménagements autres que des pelouses doivent être envisagés en bordure d'un lac ou d'une rivière.

Une solution simple au problème d'érosion est de naturaliser une bande riveraine sur une largeur de 10 à 15 mètres. Il y a diverses façons de procéder et on peut le faire par étapes. Par exemple, il suffit d'arrêter de tondre la pelouse pour qu'une végétation naturelle se développe en une saison et permette de mieux retenir les sédiments et les éléments nutritifs lessivés par la pluie et le ruissellement. Après quelques années, des arbustes et puis des arbres viendront coloniser la rive. Mais on peut évidemment accélérer le processus en plantant les espèces appropriées au milieu et qui permettent de conserver une vue sur le lac, comme le myrique baumier *(Myrica Gale)* ou le saule arbustif (*Salix* sp.). Plusieurs sites internet peuvent vous guider dans votre choix, comme celui de la Fapel[38] ou du Rappel[39]...

Le reste du terrain devrait être gardé à l'état naturel autant que possible, ce qui vous donnera bien moins d'entretien. Bien sûr, une pelouse permet de circuler facilement autour de la maison et, s'il y a beaucoup de piétinement, elle sera plus efficace pour

Photo : Claude Phaneuf

Plantation en zone riveraine.

Photo : Claire Lemieux

Il suffit de suspendre la tonte du gazon pour que s'installe une végétation plus agressive.

contrôler l'érosion que de la terre battue. Mais a-t-on besoin d'une pelouse uniforme et bourrée d'engrais ? Cela me semble aberrant lorsqu'on habite en pleine nature !

Voici donc quelques suggestions pour une pelouse à entretien minimum :

Ensemencez le sol nu avec des espèces qui n'ont pas besoin d'engrais, comme le trèfle blanc, le lotier, des fétuques ou encore du mil (phléole des prés). Recouvrez avec un peu de compost et gardez humide jusqu'à la levée des semences. Dès qu'elles sont bien établies, ces plantes peuvent survivre sans arrosage et ne sont pas sensibles aux parasites et maladies.

Vous avez déjà installé du gazon en plaques? Sachez qu'il est constitué essentiellement de pâturin des prés: une sorte de graminée très exigeante. Ne mettez plus d'engrais et sursemez avec les espèces nommées ci-dessus dès que la pelouse deviendra clairsemée (mélangez vos semences avec un peu de compost). Vous ne tarderez pas à obtenir une pelouse diversifiée qui ne demandera plus qu'une tonte occasionnelle.

Dans les deux cas, les engrais deviennent inutiles, ce qui élimine une source de phosphore et d'azote pour le lac.

Le club de golf Lac Brome est certifié Audubon depuis 1999.

ET LES TERRAINS DE GOLF?

Les terrains de golf sont les seules surfaces gazonnées qui ne sont pas soumises à des interdictions dans le Code de gestion des pesticides du Québec. D'après l'article 73, ils doivent cependant présenter un plan de réduction de pesticides tous les trois ans à partir de 2006, mais il n'y a aucune exigence minimale, ni de pénalités pour l'instant.

Les terrains de golf (tertres de départ, allées et herbes longues) sont généralement couverts de pâturin des prés et de pâturin annuel, alors que les «verts» sont constitués essentiellement d'agrostide: une sorte de gazon très fin qui tolère les coupes rases (4,5 mm) exigées par ce sport. Le problème, c'est que l'agrostide est très sensible aux maladies et celles-ci

Depuis 2006, les terrains de golf doivent soumettre un plan de réduction des pesticides tous les trois ans au Québec.

sont évidemment favorisées par les arrosages intensifs pratiqués habituellement. Ce sont donc les fongicides qui sont le plus utilisés (64,5 %) sur les golfs, suivi, des herbicides (17,5 %) et des insecticides (5,6 %). Une chose est claire : les terrains doivent être impeccables et, grâce aux progrès de la technologie, on a réussi à créer des surfaces de plus en plus parfaites. Un vert de golf est un exploit technique extraordinaire ! Les joueurs sont donc devenus de plus en plus exigeants afin d'être plus performants et nous voilà avec des surfaces qui ne peuvent pas survivre sans interventions constantes. Pourquoi exiger une telle perfection ? Pourquoi ce besoin de performer à tout prix en fait ? Est-ce que le défi ne serait pas plus intéressant si les surfaces étaient plus diversifiées et donc inégales ? Est-ce qu'on ne joue pas au golf pour prendre l'air et socialiser avant tout ? Ce qui me surprend, c'est que ce sport existe depuis plus de 100 ans ; or les pesticides n'existaient pas à cette époque. Autrefois, les gens devaient donc jouer sur des prairies de plantes sauvages tondues et ils avaient assurément du plaisir, sinon le sport ne se serait pas perpétué si longtemps.

En plus des pesticides et des engrais, les golfs consomment énormément d'eau pour maintenir les pelouses vertes tout en coupant très court. Les verts sont tondus à 4,3 mm, les tertres de départ à 12,4 mm, les allées à 16,5 mm et les herbes « longues » à 49,5 mm. Quand on pense que la hauteur de coupe recommandée pour une pelouse résidentielle est de 75 mm en climat continental, on imagine facilement le stress que les pelouses subissent sur un terrain de golf en période de canicule ! La plupart du temps, les golfs ont leur propre source d'eau et dans les pays au climat maritime il n'y a pas trop de problèmes. Mais quand je vois des golfs en plein désert de l'Arizona ou dans le midi de la France où les précipitations sont rares, je crois que c'est complètement aberrant de puiser dans des nappes phréatiques et de consommer tant d'énergie pour des besoins non essentiels. Il me semble qu'il y a quelque chose de profondément artificiel dans ce sport qui devient pourtant de plus en plus populaire.

Il y a quand même des efforts pour diminuer l'usage des produits chimiques et protéger l'environnement sur les golfs. Il existe même une certification en Amérique du Nord : il s'agit du programme Signature de Audubon International[32]. Ce programme environnemental exige divers engagements de ses membres, comme :

- **La mise en valeur et l'amélioration des habitats fauniques ;**
- **La réduction des produits de synthèse utilisés sur le terrain ;**
- **L'utilisation raisonnable de l'eau ;**
- **La préservation de la qualité des cours d'eau et autres plans d'eau affectés par le terrain de golf ;**
- **Des activités de sensibilisation et du rayonnement.**

Seulement 9 terrains de golf sur 307 étaient certifiés Audubon au Québec en 2007. J'en ai visité un dont les efforts sont dignes de mention : le club de golf Lac Brome. Les étangs y sont protégés par une bande non fauchée d'un mètre de largeur et aucune surface gazonnée n'est drainée directement vers les plans d'eau. Autour du ruisseau, il y a une bande de protection de 10 m. Par ailleurs, de nombreux nichoirs et mangeoires attirent les oiseaux et les chauves-souris. L'arrosage est minimal et les pelouses sont gardées le plus haut possible, ce qui permet d'éviter de nombreux problèmes d'insectes et de maladies. Mais il n'y a quand même aucune surface de plus de 5 cm de haut, sinon les joueurs se plaignent qu'ils ne voient plus la balle ! Le surintendant utilise des engrais naturels, sauf en automne où de fortes doses de potassium semblent nécessaires. Il pratique la lutte intégrée et n'utilise les fongicides que de façon curative et non préventive comme le font la plupart des golfs. Il me dit également qu'il n'utilise pratiquement pas d'herbicides ni d'insecticides et qu'il le fait seulement de façon localisée en cas de besoin. L'indice de pression, qui reflète la quantité d'ingrédients actifs utilisés par hectare (kg i.a./ha), est de 3,2 alors que la moyenne est de 5,4 pour le Québec. Ce n'est pas un golf sans pesticides, mais c'est un très bel effort et espérons que ce genre de pratiques fera boule de neige. On m'a dit aussi qu'il y a des golfs très naturels en Grande-Bretagne, mais je n'ai pas pu vérifier. Si un de mes lecteurs connaît un golf qui n'utilise aucun pesticide ou presque, j'aimerais bien le connaître et le visiter. Il y a beaucoup de joueurs de golf dans mon entourage et la plupart aimeraient jouer sur des golfs plus écologiques, mais seulement quelques-uns semblent prêts à accepter des terrains moins parfaits ! Mission impossible…

Le ministère du Développement durable, de l'Environnement et des Parcs du Québec a publié un bilan des plans de réduction des pesticides sur les terrains de golf au Québec (juin 2007). Ce bilan permet de caractériser pour la première fois de façon détaillée l'utilisation des pesticides dans ce secteur. Il servira de base de comparaison afin de connaître la tendance dans les prochaines années. On y trouve également une série de mesures pour réduire les pesticides, comme :

- Utiliser des cultivars résistants aux insectes et aux maladies.
- Augmenter la hauteur de tonte.
- Utiliser des engrais naturels.
- Utiliser des mycorhizes pour favoriser le développement des racines.
- Éviter la surfertilisation.
- Faire des traitements de pesticides localisés.
- Respecter des distances de 5 à 40 m des plans d'eau, etc.

Ce bilan est disponible en ligne : http://www.mddep.gouv.qc.ca/pesticides/permis/code-gestion/guide-golf/bilan.htm

CHAPITRE 13

LES **PESTICIDES**

Il est important de consacrer un chapitre aux pesticides dans ce livre car ils sont largement répandus en horticulture et particulièrement pour le traitement des pelouses. De grands efforts de réduction ont été réalisés au Québec, mais il y a encore place à l'amélioration et, dans d'autres pays, on est loin d'en contrôler l'usage.

La majorité des pesticides utilisés actuellement sont des produits de synthèse développés depuis la Deuxième Guerre mondiale. Ils se sont répandus en agriculture grâce à un puissant marketing et ils se sont retrouvés ensuite dans nos aménagements paysagers. En Amérique du Nord, cela s'est fait dans les années soixante-dix alors que la tendance aux pelouses parfaites s'imposait rapidement d'un océan à l'autre. Dans mon premier livre, je citais l'Europe en exemple pour ses pelouses sans produits chimiques. Malheureusement, je dois constater que, depuis les années deux mille, le culte des pelouses impeccables a traversé l'Atlantique et que de grands parcs urbains, des domaines historiques et de grandes artères comme les Champs-Élysées sont maintenant traités aux herbicides sélectifs!

QU'EST-CE QU'UN PESTICIDE?

Un pesticide est une substance destinée à détruire ou à contrôler des organismes jugés nuisibles ou indésirables. Les pesticides comprennent des insecticides, des herbicides, des fongicides, des acaricides, etc. Les formulations commerciales peuvent contenir une ou plusieurs matières actives ainsi que diverses substances d'accompagnement appelés ingrédients « inertes » (solvant, émulsifiant, etc.). Le carbaryl, le 2,4 D et le glyphosate sont des exemples de matières actives. Le Sevin, le Killex et le Roundup sont des formulations commerciales. La toxicité des pesticides est très variable d'un produit à l'autre, mais ils ont tous été conçus pour tuer, sinon ils ne seraient pas efficaces.

Depuis quelques années, les pelouses parisiennes sont traitées aux herbicides sélectifs.

LE DANGER DES PESTICIDES

Depuis le cri d'alarme lancé par Rachel Carson en 1966 dans *Le printemps silencieux,* les défenseurs de l'industrie chimique en pleine expansion n'ont cessé de minimiser les dangers ou de ridiculiser les craintes d'une population pourtant de mieux en mieux informée.

On sait aujourd'hui que les pesticides peuvent pénétrer dans le corps humain de diverses façons : par voie orale, cutanée ou pulmonaire. C'est-à-dire : en mangeant des aliments qui ont été traités (la majorité, hélas !), en marchant sur une pelouse arrosée d'herbicides ou en respirant des produits pulvérisés dans votre voisinage. Cela semble minime pour bon nombre de gens et pourtant nous sommes tous contaminés à des concentrations plus ou moins élevées. Le Centre pour la prévention et le contrôle des maladies (CDC), aux États-Unis, a testé 2644 personnes pour leur charge corporelle en pesticides : les résultats révèlent que tous les sujets sont contaminés[33], spécialement les enfants, qui ont les niveaux les plus élevés en pesticides. Dernièrement, une étude révélait que chaque nouveau-né avait déjà au moins trois pesticides dans le corps[34] !

Au début de 2007, Fabrice Nicolino et François Veillerette publient un livre-choc chez Fayard[35] : *Pesticides, révélations sur un scandale français.* Il s'agit probablement d'un scandale mondial,

On peut absorber des pesticides en jouant sur une pelouse qui en a été pulvérisée…

mais je n'ai pas le loisir de faire des recherches sur ce sujet actuellement. On y découvre comment le lobby de l'industrie et les instances publiques ont travaillé de concert pour imposer les pesticides comme des produits incontournables en France. On y trouve aussi des chiffres alarmants sur toutes sortes de problèmes de santé. Par exemple : « la quantité moyenne de spermatozoïdes dans le sperme humain aurait décliné de 50 % entre 1938 et 1990 et… le taux de cancer testiculaire a triplé entre 1940 et 1980 au Danemark[36] ». « L'augmentation des cas de cancer en France a été de 63 % entre 1978 et 2000… et même en tenant compte du vieillissement de la population, cela reste une augmentation de 35 %. Certains types de cancers explosent. Celui du sein a vu son incidence augmenter de 97 % et celui de la prostate de 271 % » ! Ce livre est indispensable pour comprendre l'omniprésence des pesticides dans tout notre environnement et les conséquences sur notre santé. Pour en savoir plus, voyez aussi l'excellente revue de la littérature effectuée par le Collège des médecins de famille de l'Ontario, en 2004, sur les dangers des pesticides[37] : *Systematic Review of Pesticide Human Health Effects.*

Malheureusement, de nombreuses études accusent les pesticides en général, ou une famille de pesticides. Et les statistiques sur l'augmentation des problèmes de santé ne font pas souvent la relation avec les pesticides. Lorsqu'un produit est incriminé d'une façon incontestable, il est généralement retiré du marché, mais souvent après des années de polémique. Comment savoir, alors, si les pesticides disponibles actuellement sont sécuritaires et lesquels ? Le problème est très complexe car il y a des milliers de formulations sur le marché et il y a de quoi être inquiet devant l'ampleur de notre ignorance à ce sujet. Il est probable que nous ne voyons que la pointe de l'iceberg dans ce domaine et la prudence devrait s'imposer en raison des nombreuses incertitudes qui persistent.

Les pesticides sont testés individuellement et non en combinaison avec d'autres produits. Or, dans la vie courante, nous sommes exposés à une multitude de pesticides et d'autres polluants. On a peu de connaissances

Photo : Benoit Gingras

en respirant des produits pulvérisés dans ou autour de la maison.

ou en mangeant des produits qui ont été traités avec des pesticides…

sur leurs effets combinés de ces différents produits chimiques entre eux.

Les pesticides sont testés par l'industrie et non par des instances indépendantes.

On a peu de connaissances sur les effets à long terme car les tests ne sont pas menés sur des décennies. C'est pourquoi des pesticides utilisés à grande échelle il y a quelques années sont maintenant interdits ou sévèrement restreints. Rappelez-vous le DDT, le chlorpyrifos, le diazinon…

Les ingrédients dits « inertes » ne sont pas toujours testés et il est impossible de savoir lesquels sont présents dans une formulation car cela fait partie du secret de fabrication. Ces produits peuvent être plus toxiques que les ingrédients actifs.

Au Canada, plus de 300 matières actives sur environ 500 ont été approuvées avant 1981 et plus de 150 avant 1960, alors que les exigences étaient beaucoup moins sévères qu'aujourd'hui et les méthodes d'analyse beaucoup moins performantes.

On a longtemps cru que c'était la dose qui faisait le poison, or on s'aperçoit aujourd'hui que les pesticides causent des bouleversements dans les systèmes immunitaires et endocriniens, et cela, même à des doses minimes.

illustration : Jacques Hébert

Les évaluations toxicologiques sont effectuées sur des animaux et non sur des humains et, traditionnellement, les résultats étaient extrapolés pour un adulte mâle en santé et non pour des enfants, des femmes enceintes, des personnes âgées ou hypersensibles.

Pour toutes ces raisons et bien d'autres : il faudrait appliquer le principe de précaution !

ET LES PELOUSES ?

L'usage horticole de pesticides n'est-il pas un problème mineur si on le compare à l'agriculture ? Pourquoi ne pas laisser les pauvres jardiniers en paix avec leur loisir ? Oui, c'est vrai qu'il faut s'attaquer à l'agriculture intensive, mais je me dis que si l'on veut changer le monde, il faut commencer autour de soi. Or l'utilisation de pesticides dangereux à des fins purement esthétiques ne peut plus se justifier et nous atteint plus directement qu'en milieu agricole. Au Québec, avant 2003, on appliquait plus de pesticides par unité de surface sur une pelouse de banlieue que sur un champ de céréales ! Par ailleurs, nous sommes directement en contact avec ces surfaces, particulièrement les enfants, qui se roulent dans les pelouses et mettent leurs doigts en bouche.

De plus, un nombre croissant de personnes souffrent d'hypersensibilité et, s'il est très difficile d'établir la cause de leurs problèmes, il n'en reste pas moins que ces personnes ne peuvent plus tolérer la moindre trace de contaminant dans leur environnement : que ce soit des solvants, des parfums ou des pesticides appliqués sur la pelouse du voisin. C'est en grande partie grâce à ces gens-là que nous avons obtenu un règlement provincial limitant l'usage des pesticides au Québec en 2003.

Les enfants sont beaucoup plus vulnérables aux pesticides car ils sont beaucoup plus en contact avec les surfaces gazonnées que les adultes.

LE CODE DE GESTION DES PESTICIDES DU QUÉBEC

En fait, c'est grâce à une collaboration extraordinaire entre des environnementalistes, des personnes hypersensibles aux produits chimiques, la Santé publique et le ministère de l'Environnement, que le Code de gestion des pesticides a vu le jour en avril 2003 au Québec[21].

Ce nouveau Code est un règlement provincial qui vient encadrer l'entreposage, l'usage et la vente des pesticides, de façon à réduire notre exposition à ces produits.

Ce sont 20 pesticides (ingrédients actifs mentionnés dans l'annexe I du Code) que le Code interdit d'apppliquer sur les surfaces gazonnées des terrains publics, parapublics et

Le jardin botanique de Montréal incite les usagers à accepter de la biodiversité dans les pelouses.

municipaux et sur les terrains où se déroulent des activités destinées aux enfants de moins de 14 ans depuis avril 2003. De plus, dans les centres de la petite enfance (garderies) et les écoles, il est interdit d'appliquer un pesticide autre qu'un biopesticide ou un pesticide à faible impact (liste dans l'annexe II du Code sur internet).

Depuis avril 2004, il est interdit de vendre un pesticide dans un emballage de plus d'un contenant, sauf si l'étiquette de cet emballage indique la présence de contenants multiples, ou un pesticide mélangé à un engrais. Par exemple, il est interdit de vendre un ensemble pour fertiliser la pelouse en quatre traitements s'il contient des pesticides. En avril 2005, il est devenu obligatoire de placer la plupart des pesticides hors de portée du public dans les magasins. Finalement, depuis 2006, il est interdit d'appliquer les pesticides de l'annexe I du Code sur les surfaces gazonnées des terrains privés et commerciaux et ces mêmes produits ne sont plus vendus au Québec.

DES VILLES VONT PLUS LOIN

Depuis que la petite ville de Hudson a gagné en cour suprême le droit d'interdire les pesticides sur son territoire en juin 2001, une soixantaine de villes québécoises ont créé leur propre règlement pour contrôler les pesticides et vont même plus loin que le Code de gestion provincial. Montréal en est un bel exemple puisqu'elle interdit pratiquement tous les pesticides à l'exception d'une courte liste de « pesticides à faible impact ». Le jardin botanique de Montréal, un des plus grands du monde, montre l'exemple avec succès ! D'autres villes canadiennes, comme Toronto, ont emboîté le pas. Aux USA, il semble que les États américains n'aient pas le pouvoir légal de légiférer dans ce domaine et le processus est beaucoup plus lent. Seules quelques rares villes ont eu le courage d'affronter l'industrie des pesticides. En France, des villes comme Beauvais, Nantes, Lyon, Rennes et Strasbourg vont-elles montrer l'exemple à l'Europe ?

LES RÈGLEMENTS SONT-ILS APPLIQUÉS ?

Il y a eu des changements notables dans les pratiques horticoles au Québec depuis l'entrée en vigueur du Code des pesticides et les règlements mis en vigueur par les municipalités (Comme dans la nouvelle grande ville de Montréal fusionnée qui compte presque la moitié de la population de tout le Québec !). Les étalages dans les jardineries ont changé radicalement et toutes les compagnies d'entretien d'espaces verts ont maintenant un discours environnemental et tous leurs produits sont écologiques, naturels et sans danger pour l'environnement… enfin, c'est ce que dit la publicité ! Dans la réalité, je constate qu'il y a encore des pelouses privées impeccables, même si la majorité est assez fleurie au printemps. Quelques fraudes ont été mises en

Une diminution drastique de l'utilisation des pesticides au Québec

Le 26 septembre 2007, Statistiques Canada publiait un rapport[22] sur les pratiques environnementales des Canadiens (Envirostats, #16-002-XIF). On y découvre que l'utilisation de pesticides a diminué de moitié au Québec entre 1994 et 2005, le nombre de ménages utilisateurs étant passé de 30 à 15 %, alors que dans le reste du pays l'utilisation a à peine fléchi de 31 % à 29 %. Il est fort probable que cette performance québécoise résulte de l'entrée en vigueur du Code de gestion des pesticides en 2003 et des campagnes effectuées par la Coalition pour les alternatives aux pesticides (CAP)[23] depuis l'an 2000. La victoire en cour suprême de la ville de Hudson a eu également un effet d'entraînement sur une cinquantaine de villes depuis 2001. Le bilan[24] des ventes de pesticides pour l'année 2003 au Québec, rendu public en juin 2007, démontrait cependant encore une bonne augmentation pour le secteur de l'entretien des espaces verts par des professionnels (de 65,1 % par rapport à 1992 et de 4,8 % entre 2002 et 2003), malgré l'entrée en vigueur du Code québécois. Pour le secteur domestique (utilisation par les particuliers), l'augmentation est de 20,9 % par rapport à 2002, mais le Code n'a été appliqué sur les pelouses privées qu'en 2006. Le prochain bilan de vente doit sortir en 2009 seulement !

Quant aux engrais chimiques, Statistiques Canada révèle que c'est au Québec également que les consommateurs sont proportionnellement les moins nombreux (13 % de ménages utilisateurs à Montréal contre 57 % à Saskatoon !). Il faut croire que les campagnes sur l'entretien écologique des pelouses ont fait leur effet ! Qu'est-ce que ce serait si on faisait une vaste campagne nationale ?

évidences dans certaines municipalités bien organisées et les ventes de pesticides bannis ont monté de façon significative dans les magasins spécialisés situés de l'autre côté de la frontière du Québec.

Par ailleurs, si certains pesticides sont interdits, les engrais chimiques ne le sont pas et plusieurs compagnies qui en utilisent s'annoncent pourtant comme « écologiques ». C'est pourquoi, une certification en horticulture ornementale écologique a vu le jour en 2005 : la certification Horti-Éco est actuellement gérée par l'organisme Équiterre et commence à faire de plus en plus d'adeptes parmi les compagnies qui veulent vraiment se démarquer et protéger leurs clients.

Ils sont cependant encore une infime minorité et il y a beaucoup de progrès à faire pour des services vraiment écologiques en horticulture ornementale au Québec, mais ça évolue rapidement. Certaines compagnies offrent même un service d'arrachage manuel de pissenlits !

Depuis quelques années, de petites affiches (vertes) plus rassurantes ont remplacé les anciennes (rouges), mais peut-on vraiment s'y fier ?

LES PESTICIDES À FAIBLE IMPACT

J'ai trouvé ce terme pour la première fois dans une publication[25] de Colombie-Britannique que j'ai traduite en français en 2001 pour donner des formations sur la gestion environnementale des espaces verts. Depuis, le terme s'est répandu rapidement au Québec.

Les pesticides à faible impact sont des produits, naturels ou chimiques, qui possèdent une ou plusieurs des caractéristiques suivantes :

- ils présentent de faibles risques, à court et à long terme, pour la santé humaine ;
- ils peuvent être très spécifiques, c'est-à-dire qu'ils n'affectent pas d'autres organismes non visés ;
- ils présentent de faibles risques pour l'environnement pendant leur manipulation et leur élimination : ils se dégradent assez vite dans l'environnement, ils n'ont pas de toxicité résiduelle et ne présentent pas de risque de contamination élevé.

Parmi eux, on trouve des :

INSECTICIDES À FAIBLE IMPACT

Acide borique : agit comme un poison du système digestif. On le retrouve notamment dans les trappes et appâts à fourmis. Bien que sa toxicité soit faible pour les humains et les animaux, il faut éviter que les enfants ou les animaux soient en contact avec le produit.

Savons insecticides : faits de sels biodégradables et d'acides gras, tout comme les savons domestiques. Ils agissent par contact sur la plupart des insectes et des acariens, ainsi que sur leurs œufs. Ce sont des insecticides à large spectre, mais avec peu d'effets résiduels.

Pyréthrines : ingrédients actifs extraits de la fleur de pyrèthre *(Chrysanthemum cinerariaefolium)*. Ce sont des poisons du système nerveux et ils contrôlent un grand nombre d'insectes rampants ou volants, sans effets résiduels. Les pyréthrines agissent par contact en provoquant la paralysie des insectes.

Attention : les pyréthrinoïdes sont des composés synthétiques qui ressemblent chimiquement aux pyréthrines. Ils sont plus toxiques que les pyréthrines naturelles et plus stables : ils peuvent persister plus d'une semaine dans l'environnement.

Terre diatomée : est constituée du squelette siliceux d'algues microscopiques : les diatomées. On en trouve de grandes accumulations dans certains dépôts marins fossiles. Le squelette des diatomées est très ornementé et, à l'échelle microscopique, cette poudre est coupante comme du verre. La terre diatomée agit par contact : les aiguilles siliceuses blessent les insectes rampants comme des éclats de verre. Ensuite, ils se déshydratent et meurent. La terre diatomée perd de son efficacité lorsqu'elle est mouillée, son utilisation à l'extérieur est donc limitée.

Attention à la roténone !

La roténone est un pesticide « naturel » extrait de certaines plantes tropicales. Cependant, sa toxicité aiguë est très élevée, particulièrement pour les animaux à sang froid comme les poissons ! Chez l'homme, il y aurait un lien avec la maladie de Parkinson[26]. Même si elle n'est pas recommandée comme pesticide à faible impact, son utilisation est en forte hausse depuis les législations sur les pesticides de synthèse.

HERBICIDES À FAIBLE IMPACT

Acides gras : ce sont des savons herbicides qui détruisent les plantes en faisant fondre la couche cireuse qui protège le feuillage de la déshydratation. Ils agissent en deux heures environ. Ils ne détruisent cependant pas les racines des plantes vivaces bien établies. Il n'y a pas d'effet herbicide dans le sol, ni d'effet résiduel.

Acide acétique : brûle le feuillage et tue ainsi la plante. Il faut l'appliquer sur les jeunes plantes, mais il n'a pas d'effets sur les racines.

Gluten de maïs : ce nouvel « herbicide » a été homologué au Canada en 2004. C'est un sous-produit de la transformation du maïs. En réalité, ce n'est pas un herbicide, mais un inhibiteur de germination dont l'efficacité dure de six à sept semaines.

FONGICIDES À FAIBLE IMPACT

Soufre : se combine avec les spores de champignons et empêche leur germination. L'effet n'est pas très durable et il faut donc l'appliquer souvent pour protéger le feuillage des maladies.

Chaux soufrée : a des propriétés fongicides aussi bien qu'insecticides et acaricides. Elle peut être mélangée avec des huiles minérales pour application au stade dormant.

MOLLUSCUCIDE À FAIBLE IMPACT

Phosphate de fer : il a été homologué au Canada pour contrôler les limaces. Il est aussi efficace que les appâts à base de métaldéhyde, mais beaucoup moins toxique pour des organismes non ciblés.

BIOPESTICIDES

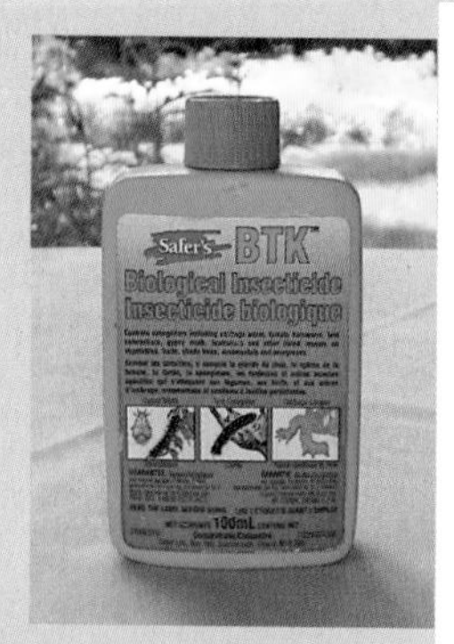

Les biopesticides sont des produits qui contiennent des bactéries ou des virus et qui peuvent contrôler certains parasites de façon très sélective, par exemple le *Bacillus thuringiensis*, mieux connu sous le nom de Bt. La souche kurstaki (Btk) est très spécifique pour contrôler les chenilles, par exemple.

Il ne faut pas oublier que même les pesticides à faible impact et les biopesticides sont conçus pour détruire des organismes vivants. Ils peuvent tuer des organismes bénéfiques comme des prédateurs et causent des déséquilibres qui peuvent engendrer de nouveaux problèmes dans l'écosystème que constitue votre terrain. Il faut les utiliser avec parcimonie, de façon localisée et uniquement quand c'est vraiment nécessaire. La prévention est toujours la meilleure stratégie. Voyez le livre *Solutions écologiques en horticulture*[27] pour plus d'informations sur les modes d'action de ces divers pesticides à faible impact.

PRODUIT ORGANIQUE, NATUREL, ÉCOLOGIQUE, BIOLOGIQUE ?

Comment s'y retrouver parmi tous ces termes à consonance écolo qui sont souvent utilisés à tort et à travers quand il s'agit de vendre ? Vous trouverez ci-dessous la définition des termes couramment utilisés pour vous aider à y voir clair.

PESTICIDE BIOLOGIQUE OU NATUREL

Il existe sur le marché des pesticides d'origine naturelle et biodégradables, qui sont même certifiés pour utilisation en culture biologique, mais cela reste des produits qu'il faut manipuler avec précaution. C'est le cas de la roténone (extrait d'une sorte de chrysanthème), qui est considérée comme plus toxique que bien des produits chimiques ! La nicotine aussi était autrefois utilisée comme pesticide, mais elle est maintenant interdite. Par contre, la pyréthrine (extrait de la fleur de pyrèthre) est moins dangereuse et se dégrade en quelques minutes à la lumière.

PESTICIDE ORGANIQUE

Le terme organique a plusieurs significations qui prêtent à confusion. Dans un sens, organique veut dire d'origine animale ou végétale et en anglais le terme *organic* est souvent synonyme de naturel. Mais organique veut aussi dire « relatif à la chimie organique ». Or, tous les pesticides de synthèse sont alors des produits organiques ! Certains commerçants utilisent ce terme pour rassurer leurs clients à propos des pesticides ; cela ne veut pas dire que ceux-ci sont naturels ou inoffensifs.

PESTICIDE ÉCOLOGIQUE

Il n'y a pas de pesticide vraiment écologique, mais des façons de faire plus écologiques (voir plus bas : gestion environnementale). Aucun pesticide ne devrait être appliqué de façon systématique et répétitive. Je me dis toujours que lorsqu'une plante est constamment la proie des parasites, elle n'est pas à sa place. La nature élimine les faibles de cette façon.

LUTTE INTÉGRÉE

La lutte intégrée est une méthode décisionnelle qui a recours à toutes les techniques reconnues pour détruire les populations d'organismes nuisibles de façon efficace et économique, tout en respectant l'environnement. C'est une approche qui est excellente en cas d'infestation, lorsqu'elle est bien appliquée, mais le « niveau tolérable » est très subjectif et peut justifier des interventions pour des organismes inoffensifs comme le trèfle ou même les vers de terre.

GESTION ENVIRONNEMENTALE DES ESPACES VERTS

C'est un ensemble de méthodes de gestion et d'entretien, établies en fonction des sites et des usages, permettant de maintenir un choix judicieux de végétaux dans un environnement favorable. C'est la base de la certification Horti-Éco au Québec.

VERS UNE NOUVELLE IMAGE DE LA PELOUSE ?

Le problème majeur pour un virage vraiment écologique sur les pelouses, c'est que la plupart des gens veulent encore obtenir une pelouse impeccable qui ressemble à un terrain de golf, mais avec des produits naturels... et il ne faudrait pas que cela coûte les yeux de la tête ! Or, c'est un défi pratiquement impossible si l'on supprime les herbicides sélectifs car il n'existe pas d'alternative naturelle ou « à faible impact ». Ce n'est pas souhaitable non plus, puisque la biodiversité naturelle crée un équilibre qui diminue de beaucoup le besoin de pesticides et d'engrais.

Il faut reconnaître que le marketing de l'industrie a été vraiment efficace au cours des dernières décennies car la pelouse parfaite fait encore partie d'un mode de vie et est étroitement reliée à la réussite sociale et même à une forme de propreté en Amérique du Nord. C'est ce qui m'inquiète quand je vois ce même concept se répandre en Europe alors que, il n'y a pas 10 ans, on pouvait cueillir des pâquerettes dans tous les parcs publics en France. C'est assez étonnant, quand on y pense, qu'on ait réussi à convaincre les gens que des fleurs deviennent indésirables ! Que va-t-on exiger après ? Un ciel toujours bleu ?

Réveillons-nous et arrêtons de nous laisser influencer par des tendances de mode qui ne visent qu'à enrichir ceux qui les mettent en marché ! Notre pauvre planète est déjà assez mal en point et il est évident que nous devrons chacun faire notre part. Cela commence par des gestes individuels, chez nous, dans notre maison, notre jardin et sur notre pelouse.

Réponses au jeu des pages 104 et 105 :

page 104 :

- Les pesticides appliqués sur la pelouse peuvent nuire à la santé et à l'environnement.
- La tondeuse à gazon est équipée de sacs pour ramasser l'herbe coupée : ce n'est pas nécessaire et cela coûte très cher à éliminer.
- Une tondeuse à essence pollue l'environnement et fait beaucoup de bruit. Une pelouse plus petite demanderait moins de travail.
- L'arrosage du gazon gaspille de l'eau potable. Il n'est pas nécessaire que la pelouse reste verte tout l'été.
- Les fleurs sont toutes pareilles à côté de la pelouse. Cela n'attire pas beaucoup d'insectes différents et cela favorise les infestations.

page 105 :

- La pelouse est entretenue sans pesticides. C'est beaucoup mieux pour l'environnement et la santé.
- Une pelouse sans pesticides permet à toutes sortes de petites fleurs de pousser, ce qui attire les papillons et d'autres insectes utiles qui contrôlent les insectes nuisibles.
- Un petit étang attire une faune intéressante et diversifiée comme des grenouilles et des libellules qui mangent des insectes nuisibles (comme les moustiques !).
- Un nichoir attire les oiseaux. Il faut encourager ceux qui mangent les insectes, comme les merles.
- Les parents ont plus de temps pour jouer avec les enfants sur un terrain naturel où ils ne doivent pas passer des heures derrière une tondeuse à gazon !

Comment choisir un bon entrepreneur pour votre pelouse ?

Il devrait commencer par faire un diagnostic de votre terrain : vérifier la qualité du sol (texture, pH, etc.), l'ensoleillement, le drainage et noter les problèmes éventuellement observés. Il peut vous suggérer de remplacer la pelouse par d'autres types de plantes dans certains endroits. Par exemple : la pelouse n'a pas sa place à l'ombre dense ni sur des talus escarpés.

Il devrait vous proposer des méthodes culturales préventives pour obtenir une pelouse dense et vigoureuse, comme l'aération, le terreautage et un sursemis éventuel. Dans ce cas, il devrait ensemencer des espèces moins exigeantes en engrais et en eau (fétuques, trèfle, etc.).

Il devrait couper votre pelouse haut (entre 7 et 8 cm ou 3 po) et recycler le gazon coupé directement sur la pelouse (herbicyclage).

Il ne devrait utiliser que des engrais naturels à 100 % et non pas à « base organique » (seulement 15 % de produits naturels). Les engrais naturels sont généralement granulaires (exceptés les émulsions d'algues et de poissons) et leur pourcentage en azote, phosphore et potassium ne dépasse jamais 10 dans un mélange (ex. : 9-3-3). Les quantités appliquées devraient être diminuées en fonction de l'herbicyclage, de l'application de compost et de la présence de légumineuses (trèfle, lotier). Si vous demeurez aux abords d'un cours d'eau, aucun engrais ou amendement ne devrait être utilisé dans une bande de 10 à 15 mètres.

Finalement, il ne devrait utiliser aucun pesticide ou seulement de façon temporaire et exceptionnelle. Dans ce cas, il choisira des pesticides à faible impact (savon insecticide, borax, pyréthrine, etc.), des biopesticides (Bt) ou des prédateurs naturels (ex. : nématodes) et recommandera des moyens préventifs pour l'avenir. Il ne devrait offrir aucune application systématique ou préventive de pesticides !

Les entrepreneurs doivent s'adapter aux nouvelles tendances et règlements de toutes sortes, mais ils s'efforcent aussi de répondre aux exigences de leur clientèle. Ne demandez donc pas l'impossible ! Une pelouse sans aucune plante sauvage n'est pas très réaliste, ni souhaitable dans un environnement sain et... la biodiversité, ça commence dans votre pelouse !

Attention ! Plusieurs compagnies prétendent offrir un service écologique ou naturel, mais utilisent encore des herbicides et des engrais chimiques. Si votre pelouse ne contient aucune mauvaise herbe ou que celles-ci sont curieusement tordues, il y a de fortes chances pour que des herbicides sélectifs aient été utilisés.

Si les pissenlits sont tordus comme ceci quelques heures après un traitement soi-disant « écologique », soyez certains qu'un herbicide sélectif a été utilisé !

Certification en horticulture écologique

Il existe une certification en horticulture écologique au Québec depuis 2005, connue sous le nom de Horti-Éco. Elle se base sur des normes strictes inspirées de celles de Colombie-Britannique (SOUL[28]) et du Nord-Est des États-Unis (NOFA[29]). Les entrepreneurs qui veulent être certifiés doivent passer un examen et se soumettre à une inspection annuelle. C'est l'organisme Équiterre[30] qui gère cette certification au Québec.

Le logo Horti-Éco permet d'identifier les entrepreneurs vraiment écologiques au Québec.

Les principes de base de Horti-Éco sont les suivants :

- Travailler avec la nature plutôt que de se battre contre elle ;
- Choisir des végétaux résistants aux maladies et aux ravageurs et adaptés aux conditions du site pour éviter d'avoir à les maintenir en vie avec des moyens laborieux ;
- Au besoin, améliorer les conditions du site pour augmenter le choix de végétaux ainsi que leurs chances de survie avec un minimum d'efforts et de produits ;
- Entretenir les végétaux de façon adéquate pour modérer les sources de stress externes ;
- Utiliser des produits et des matériaux qui ont un minimum d'impacts négatifs pour la santé humaine et l'environnement ;
- Protéger et encourager la biodiversité dans les aménagements paysagers.

En France, une certification est en veilleuse depuis quelques années sous le nom de « Label vert ». Espérons que la demande du public fera évoluer ce projet.

ÉPILOGUE

La relation que le citadin entretient avec sa pelouse ressemble fort à celle, plus complexe et plus vaste, que l'homme entretient avec la planète. Au cours des dernières décennies, nous avons domestiqué notre coin de verdure, nous l'avons simplifié, « chimifié », soumis à notre volonté, tout comme le reste de la biosphère.

Depuis des siècles, l'homme a voulu se battre contre une nature qui lui paraissait hostile et il est vrai que de nombreux cataclysmes ont alimenté cette crainte : inondations, incendies de forêts, tremblements de terre et autres phénomènes, qui font d'ailleurs encore frémir aujourd'hui. Il semblait donc normal de soumettre et de contrôler ces débordements intempestifs pour le bien-être de l'humanité. Cependant, au lieu d'essayer de comprendre la nature et de vivre en harmonie avec elle, l'homme veut la dominer et lui imposer sa façon de vivre.

L'avènement de la technologie a maintenant décuplé notre force et plus rien n'est impossible à notre instinct de domination. Nous avons transformé des marécages en terres cultivables, nous avons rasé les forêts, vidé les océans et créé des tonnes de déchets avec des produits qui échappent totalement aux mécanismes naturels. Il n'y a plus un coin de la planète qui soit épargné par une forme ou une autre de pollution et les conséquences nous reviennent en plein visage. En effet, la désertification, les pluies acides, les changements climatiques, la pollution de l'eau et de notre alimentation : tout cela nous affecte d'une façon concrète, d'un bout à l'autre de la planète.

Nous avons pensé que nous étions séparés de la nature et que nous devions la dominer pour survivre. Or nous faisons partie intégrante de la nature et nous sommes intimement liés à son équilibre. Tout ce que nous faisons à la terre, c'est comme si nous le faisions à nous-mêmes.

À plus petite échelle, la pelouse reflète bien ce combat insensé : aussi longtemps que nous allons essayer d'entretenir des étendues de graminées à grand renfort de produits chimiques, nous travaillerons contre la nature et nous en payerons les conséquences environnementales tôt ou tard. La biodiversité est essentielle à la planète et elle commence dans la pelouse devant notre maison. Comment pouvons-nous accuser les multinationales ou les agriculteurs de pollution sauvage, si nous ne prenons pas des habitudes saines dans notre quotidien ? Aujourd'hui, nous ne pouvons plus ignorer les conséquences de nos gestes sur la santé et l'environnement. Ne serait-il pas temps de passer à l'action sur notre propre petit lopin de terre ?

RESSOURCES SUR INTERNET

ORGANISMES OU INSTANCES GOUVERNEMENTALES QUI DONNENT DE L'INFORMATION SUR LES PESTICIDES OU PROPOSENT DES ALTERNATIVES, OU LES DEUX À LA FOIS.

BELGIQUE

PAN Belgique
http://www.pan-belgium.be/

CANADA

Canadian Association of Physicians for the Environment/ Canada
http://www.cape.ca/

COALITION POUR LES ALTERNATIVES AUX PESTICIDES (CAP)/ QUÉBEC
http://www.cap-quebec.com/
(encore en ligne pour quelque temps) maintenant fusionné avec Équiterre

http://www.equiterre.org/agriculture/horticulture/index.php

FONDS MONDIAL POUR LA NATURE / CANADA HTTP://WWW.WWFCANADA.ORG/
Green communities/ Canada
http://www.gca.ca/indexcms/index.php?pfn

GREENPEACE/ CANADA
http://blogues.greenpeace.ca/2007/08/30/pesticides-femmes-enceintes-et-autisme/

MINISTÈRE DU DÉVELOPPEMENT DURABLE, DE L'ENVIRONNEMENT ET DES PARCS (MDDEP)/ QUÉBEC
http://www.mddep.gouv.qc.ca/pesticides/permis/code-gestion/index.htm

PESTICIDE FREE ONTARIO
http://www.pesticidefree.ca/

SIERRA CLUB / CANADA
http://www.sierraclub.ca/national/pest/index.html

SOCIETY FOR ORGANIC LAND CARE (SOUL)
http://www.organiclandcare.org/

VILLE DE MONTRÉAL
http://www2.ville.montreal.qc.ca/jardin/info_verte/jardiner_sans_pesticides/jardiner.htm

VILLE DE TORONTO
http://www.toronto.ca/health/pesticides/index.htm

FRANCE

Maison de la consommation et de l'environnement
http://www.mce-info.org/Pesticides/pestcharte.php

MOUVEMENT POUR LES DROITS ET LE RESPECT DES GÉNÉRATIONS FUTURES (MDRGF)
http://www.mdrgf.org/ et sites connexes :
http://www.pesticides-etudes.mdrgf.org/
http://www.mdrgf.org/-ujpp/
http://www.mdrgf.org/-MDRGFvsUIPP/
http://www.pesticides-non-merci.com/
http://www.collectif-acap.fr/

NATURE ENVIRONNEMENT
http://www.fne.asso.fr/PA/agriculture/dos/campagne_pesticides.htm

NOTRE PLANÈTE.INFO
http://www.notre-planete.info/actualites/actu_160_bilan_qualite_eaux_France_pesticides.php

ROYAUME-UNI

PAN Royaume Uni
http://www.pan-uk.org/

USA

Beyond pesticides (anciennement NCAMP)
http://www.beyondpesticides.org/

Northeast Organic Farming Association (NOFA)
http://www.organiclandcare.net/index.php

NORTWEST COALITION FOR ALTERNATIVES TO PESTICIDES NCAP
http://www.pesticide.org/

ENVIRONMENTAL WORKING GROUP
http://www.ewg.org/pub/home/pesticides/pesticides.html

GREEN LIVING
http://www.emagazine.com/march-april_1997/0397gl_consumer.html

PESTICIDE ACTION NETWORK NORTH AMERICA (PANNA)/ USA
http://www.panna.org/

PAN INTERNATIONAL
http://www.pan-international.org/panint/?q=node/33

PESTICIDE ACTION NETWORK (PAN)/ BASE DE DONNÉES SUR LES PESTICIDES/ USA
http://www.pesticideinfo.org/Index.html

PESTICIDE FREE MOTHERS
http://www.pesticidefreesign.com/

RACHEL CARSON COUNCIL
http://members.aol.com/rccouncil/ourpage/rcc_page.htm

AUTRES RESSOURCES

CANADA

ENGRAIS :

Acti-Sol
http://www.victorpest.com/canada/

Canagro
http://www.vigoro.on.ca

Distrival Canada
http://www.distrival.qc.ca/

Engrais naturels Mc Innes
http://biobiz.ca/

Harmony Products inc.
http://www.fertilec.com

Nutrite
http://www.nutrite.com

Pousse bio/ Grow organic
http://www.globalorganicsfertilizers.com

PESTICIDES À FAIBLE IMPACT, PRÉDATEURS, NÉMATODES ET AUTRES

Koppert
http://www.koppert.nl/e0216.shtml

NIC (Natural Insect Control)
http://www.natural-insect-control.com

Plant-Prod
http://www.plantprod.com/FR/contacts_fr.html

Safer (Woodstream)
http://www.victorpest.com/canada/

OUTILS DIVERS :

Rotadairon : http://www.rotadairon.com/. Cet appareil existe aussi en version plus compacte au Québec. Contactez Sébastien Prince de Ditch Witch (450) 349-1434

Torche au propane : disponible dans certaines quincailleries ou chez Lee Valley http://www.leevalley.com

FRANCE

ENGRAIS, PESTICIDES ET PRÉDATEURS

Cebio pro
http://www.cebio.fr/PRO/index.php

Daures
http://www.engrais-bio-aveyron.com/presentation.htm

Européenne d'engrais
http://perso.orange.fr/biofertil/index.html

Magellan
http://www.magellan-bio.fr/

Naturendie
http://www.naturendie.fr/

Saveur de Provence
http://www.saveurdeprovence.com/boutique/liste_produits.cfm?type=27&code_lg=lg_fr&num=

GLOSSAIRE

Astringent : qui exerce un resserrement sur les tissus (ex. : jus de citron).

Biodiversité : diversité des formes de vie présentes dans un milieu.

Bois raméal fragmenté ou BRF : bois déchiqueté des rameaux (ou branches) de moins de 7 cm de diamètre. Extrêmement riche en éléments nutritifs, il améliore le sol et attire les organismes décomposeurs. Appliqué en paillis, il protège les plantes des écarts de température. Il retient l'humidité, il prévient l'apparition des plantes indésirables et l'érosion.

Bractée : feuille souvent colorée à la base de laquelle se développe la fleur ou l'inflorescence.

B.t.k. *(Baccilus thuringiensis kurstaki)* : produit très sélectif qui ne détruit que les chenilles. On vaporise cet insecticide sur le feuillage et lorsque les chenilles mangent, les bactéries se multiplient à l'intérieur de leur hôte, digèrent la paroi intestinale et libèrent des toxines. La victime arrête de manger dans les douze heures suivant l'ingestion et éclate, libérant d'autres bactéries qui contaminent d'autres individus.

Cancérogénicité : propriété d'une substance qui peut provoquer le cancer.

Chaume : désigne la tige des graminées, mais ce terme est couramment utilisé à la place de « feutre ».

Chlorophylle : matière colorante verte des plantes jouant un rôle essentiel dans la photosynthèse.

Couronne d'un arbre : ensemble des branches et des rameaux qui entourent le sommet du tronc.

Cultivar : variété de plante résultant d'une sélection, d'une mutation ou d'une hybridation (naturelle ou provoquée) et cultivée pour ses qualités agronomiques.

Cyanobactéries : bactéries capables de faire de la photosynthèse, que l'on trouve principalement en milieu aquatique. On les a longtemps classées parmi les algues, d'où les appellations algues bleues, algues bleu-vert et cyanophycées qu'on leur attribue parfois.

Décoction : liquide qu'on obtient en faisant bouillir une plante pour en extraire les principes solubles.

Écosystème : association d'une communauté d'espèces vivantes et d'un environnement physique en constante interaction.

Entomopathogène : qui est susceptible de causer des maladies aux insectes.

Eutrophisation : enrichissement d'une eau en sels minéraux (nitrates et phosphates notamment), entraînant des modifications écologiques, telles que la prolifération de la végétation aquatique ou l'appauvrissement du milieu en oxygène.

Feutre : couche de rhizomes et de stolons qui se trouve sous le gazon sain, formant une sorte de feutre jaune.

Foliaire : qui appartient à la feuille.

Gazon : herbe courte et fine ou terrain recouvert de gazon.

Graminée : plante herbacée, ayant des feuilles minces avec des nervures parallèles et de minuscules fleurs en épi. Exemples : herbes des prairies, roseaux, céréales.

Herbe : ensemble des plantes herbacées diverses formant une végétation naturelle.

Herbicyclage : recyclage du gazon dont les rognures sont laissées au sol après la tonte.

Indigène : se dit d'une plante originaire de la région où elle vit.

Légumineuse : plante dont le fruit est une gousse, exploité comme légume, fourrage ou pour l'ornement. Exemples : haricots, luzerne, trèfle, etc.

Lixiviat : liquide qui provient de la filtration de l'eau à travers un tas de matières organiques en décomposition.

Monoculture : culture unique ou largement dominante d'une espèce végétale.

Moufette : petit mammifère d'Amérique du Nord à la fourrure noire garnie de rayures blanches, de la taille d'un chat environ. La moufette est surtout insectivore et elle peut éjecter un liquide nauséabond pour se défendre, d'où son surnom familier de « bête puante ».

Nématodes : vers microscopiques, généralement parasites.

Oligo-éléments : éléments chimiques indispensables, en quantités infimes, pour la santé des plantes.

Parasitoïdes : organismes qui parasitent des parasites.

Pelouse : terrain planté d'une herbe courte et dense, d'un gazon régulièrement tondu.

Photosynthèse : production de sucres par les plantes, à partir de l'eau et du gaz carbonique de l'air qu'elles peuvent fixer grâce à la chlorophylle, en utilisant la lumière solaire comme source d'énergie.

Protozoaire : être vivant unicellulaire, dépourvu de chlorophylle.

Quinconce : disposition géométrique en damier ou quadrillage.

Rhizome : tige souterraine vivace, souvent horizontale, émettant chaque année des racines et des tiges aériennes (ex. : iris).

Stolon : tige aérienne rampante, terminée par un bourgeon qui, de place en place, produit des racines adventives, point de départ de nouveaux pieds (ex. : fraisier).

BIBLIOGRAPHIE

Allaire, D. **Cuisinons nos plantes sauvages.** Montréal, Éditions de l'Aurore, 1977, 178 p.

Bachand, S. **Herbe à poux, Guide de gestion et nouvelles méthodes de contrôle.** Montréal, Régie régionale de la santé et des services sociaux de Montréal-Centre, 1996, 202 p.

Ball, J. & L. Smart Yard, **60 minutes lawn care.** Colorado, Fulcrum Publishing, 1994, 195 p.

Bertrand, B. **Le pissenlit, l'or du pré.** Paris, compte d'auteur, 1996, 118 p.

Bouchard, C. J. et Néron, R. **Guide d'identification des mauvaises herbes.** Québec, Conseil des productions végétales du Québec, 1998, 253 p.

Bougie J. & Smeesters É. **Aménagement paysager adapté à la sécheresse,** Saint-Constant, Broquet, 2004, 181 p.

Bormann, F.H. Balmori, D. et Geballe, G.T. **Redesigning the American Lawn,** Yale University Press, 1993, 166 p.

Brisson, J.D. et Côté, I. **Plantes ornementales en santé.** Québec, Ministère de l'Agriculture des Pêcheries et de l'Alimentation, 1999, 100 p.

Carr, A. **Color Handbook of garden insects.** Rodale Press, Emmaus, PA 1979, 241 p.

CERA-Environnement. **Nature, paysages et autoroutes.** Paris, Autoroutes du sud de la France, 1998, 43 p.

Chevalier, A. **Encyclopédie des plantes médicinales.** Montréal, Sélection du Reader's Digest, 1997, 336 p.

Crockett, J. U. **Pelouses et plantes couvre-sol.** Neederland, Time-Life International, 1978, 155 p.

Daniels, S. **The Wild Lawn Handbook.** New York, Macmillan, 1995, 223 p.

Editors of Rodale organic gardening magazine and books. **Lawns.** Rodale, 2000, 106 p.

Epstein, S. **The Politics of Cancer Revisited.** New York, East Ridge Press, 1998, 416 p.

Fleurbec. **Plantes sauvages des villes et des champs.** Montréal, Fides, 1978, 273 p.

Fleurbec. **Plantes sauvages des villes et des champs 2.** Montréal, Fleurbec, 1983, 208 p.

Gagnon, Y. **La culture écologique.** Saint-Didace, Éditions colloïdales, 1990, 239 p.

Gershuny, G. **Start with the soil.** Emmaus, PA, Rodale Press, 1993, 274 p.

Hessayon, D. G. **The Lawn expert.** England, Pbi publications, Herts, 1988, 104 p.

Hodgson, L. **Les vivaces.** Boucherville, Broquet, 1997, 543 p.

Hynes, E. **Controlling weeds.** Rodale Press, Emmaus, PA, 1995, 160 p.

Lamoureux, G. et al. **Plantes sauvages printannières.** Québec, La documentation québécoise, 1975, 247 p.

Lamoureux, G. et Nantel, P. **Cultiver des plantes sauvages… sans leur nuire.** Saint-Henri-de-Lévis, Fleurbec, 1999, 80 p.

Laverdière, C., Bourque, J.F. et Gingras, B. **Jardiner… tout naturellement.** Québec, Les publications du Québec, 1995, 51 p.

Laverdière C., Dion S. et Gauthier F. **Bilan des plans de réduction des pesticides sur les terrains de golf au Québec.** Québec, ministère du Développement durable, de l'Environnement et des Parcs, 2007, 54 p.

Leslie, A. R. **Integrated pest Management for Turf and Ornamentals.** Washington, D.C., Lewis Publishers, 1994, 660 p.

Marie-Victorin, Frère. **La Flore Laurentienne.** Montréal, Presses de l'Université de Montréal, 1964, 925p.

Mondor, A. **Jardins d'ombre et de lumière.** Montréal, Éditions de l'homme, 1999, 253 p.

Nicolino, F. et Veillerette, F. **Pesticides, révélations sur un scandale français.** Paris, Fayard, 2007, 384 p.

Parnes, R. **Organic & inorganic fertilizers.** Mt Vernon, Woods End Agricultural Institute. 1986, 167 p.

Pfeiffer, E. **Weeds and what they tell.** Rhode Island, Bio-dynamic literature, 94 p.

Pollan, M. **Second Nature.** New York, Dell Publishing, 1991, 304 p.

Prin. Olga. **Victimes d'un héritage contaminé.** Publistar, 2002, 268 p.

Renaud Michel, **Fleurs et jardins écologiques. L'art d'aménager des écosystèmes.** Bouquins verts 2005. 352 p.

Readman, J. **La bonne terre de jardin.** Paris, Terre vivante, 1992, 48 p.

Rochefort, S., Brodeur. J et Desjardins, Y. **La lutte intégrée dans les pelouses.** Québec, Centre de recherche en horticulture, Université Laval, 1997, 128 p.

Rubin, C. **Pelouses et jardins sans produits chimiques.** Laprairie, Québec, Broquet, 1991, 97 p.

Rubin, C. **How to get your lawn off grass.** Harbour Publishing, 2002, 176 p.

St-Georges, M. et Venne-Forcione, L. **Guide d'aménagement des espaces verts urbains pour les oiseaux.** Sainte-Foy, Fondation de la faune du Québec, 1999, G 1.

Sachs, P. D. **Handbook of successful ecological lawn care.** Newbury, Vermont, The Edaphic Press, 1996, 287 p.

Sanchez, J. **Lawns, ground covers & vines.** Iowa, Better Homes and Gardens Books, 1995, 132 p.

Scott Jenkins, V. **The Lawn, An American Obsession.** Washington, Smitsonian Institution, 1994, 246 p.

Scultz, W. **The Chemical-free Lawn.** Emmaus, Rodale Press, 1989, 194 p.

Smeesters, E., Daniel, A. et Djotni, A. **Solutions écologiques en horticulture.** Saint-Constant, Broquet 2005. P 198

Stevenson, V. **The Wild Garden.** New York, Penguin Handbooks, 1985, 168 p.

Teyssot, G. et al. **The American Lawn.** New York/Montreal, Princeton Architectural Press Centre canadien d'architecture, 1999, 203 p.

Time-Life Books Editors. **Pests & Diseases.** Alexandria, Virginia, Time-Life Books, 1995, 152 p.

Uva, R. H. et al. **Weeds of the Northeast.** Cornell University Press, Ithaca & London, 1997, 397 p.

Veillerette, F. **Pesticides. Le piège se referme.** Terre vivante, 2001, 159 p.

Walters, C. **Weeds control without poisons.** Louisiana, Acres, 1991, 352 p.

White, S. K. **Turf management.** Columbus, Ohio, Ohio State University, 1989, 109 p.

RÉFÉRENCES

[1]*Arcand, D. et Bouchard, S.* Quinze lieux communs. *Montréal, Boréal, 1993, 212 p.*

[2]*Teyssot, G. et al.* The American Lawn. *New York/Montréal, Princeton Architectural Press/Centre canadien d'architecture, 1999, 203 p.*

[3]*Soltner, D.* Les bases de la production végétale. *Angers, Sciences et techniques agricoles, 1987, 464 p.*

[4]*Michel Renaud de « Espaces verts conseil » et auteur de* Fleurs et jardins écologiques.

[5 et 6]Tout sur le compost *de Lili Michaud. Multimondes. 2007. 212 pages*

[7]*Bormann, F.H. Balmori, D. et Geballe, G.T.* Redesigning the American Lawn, *Yale University Press, 1993, 166p.*

[8]*Voyez un modèle de tondeuse manuelle capable de couper à 3 pouces (7,5cm) de haut: http://www.cleanairgardening.com/scotclasreel.html*

[9]*Teyssot, G. et al.* The American Lawn. *New York/Montréal, Princeton Architectural Press, Centre canadien d'architecture, 1999, 203 p.*

[10]*Sachs, P. D.* Handbook of successful ecological lawn care. *Newbury, Vermont, The Edaphic Press,1996, 287 p.*

[11]*Site internet: http://www.omafra.gov.on.ca/french/crops/facts/97-024.htm*

[12]*Sachs, P. D.* Handbook of successful ecological lawn care. *Newbury, Vermont, The Edaphic Press,1996, 287 p.*

[13]*Caron, C.* Le pissenlit, martyr de nos pelouses. *Humus, Mai/juin 1987: 5-7*

[14]*Dans Allaire, D.* Cuisinons nos plantes sauvages. *Montréal, Éditions de l'Aurore, 1977, 178 p.*

[15]*Scott Jenkins, V.* The Lawn, An American Obsession. *Washington, Smitsonian Institution, 1994, 246 p.*

[16]*http://www.cleanairfoundation.org/coupezcourtalapollution/program_mdp_f.asp*

[17]*P 2,5: particules dont le diamètre est inférieur à 2,5 micromètres et qui causent le smog.*

[18]*Environnement Canada: inventaire national des principaux contaminants atmosphériques, 2006*

[19]*http://www.tqhp.qc.ca*

[20]*Michaud Lili.* Le jardinage éconologique. *Multimondes. 2004. 178 pages*

[21]*http://www.mddep.gouv.qc.ca/pesticides/permis/code-gestion/code-gestion/index.htm*

[22]*Disponible en ligne: http://www.statcan.ca/cgi-bin/downpub/listpub_f.cgi?catno=16-002-XIF2007002*

[23]*La CAP a fusionné maintenant avec Équiterre www.equiterre.org*

[24]*Gorse, I. et Dion S.* Bilan des ventes de pesticides au Québec pour l'année 2003, *Québec, ministère du Développement durable, de l'Environnement et des Parcs, 2007, 80 p. http://www.mddep.gouv.qc.ca/pesticides/bilan/index.htm*

[25]*http://www.elp.gov.bc.ca/epd/epdpa/ipmp/ipm-manuals.htm*

[26]*http://www.lamijardin.net/technique/jardin/la-rotenone.html*

[27]*Smeesters, E., Daniel, A. et Djotni, A.* Solutions écologiques en horticulture. *Saint-Constant, Broquet, 2005. 198 p,*

[28] *Society for Organic Land Care (SOUL) http://www.organiclandcare.org/*

[29]*Northeast Organic Farming Association (NOFA) http://www.organiclandcare.net/index.php*

[30]*Équiterre: http://www.equiterre.org/agriculture/horticulture/index.php*

[31]*Bougie J. & Smeesters É.* Aménagement paysager adapté à la sécheresse, *St-Constant, Broquet, 2004, 181 p.*

[32]*www.audubоninternational.org/programs/signature*

[33]*http://www.panna.org/campaigns/docsTrespass/chemicalTrespass2004.dv.html*

[34]*Deuble L, Whitehall JF, Bolisetty S, Patole SK, Ostrea EM* and Whitehall JS .* Environmental pollutants in meconium in Townsville, *Australia. Department of Neonatology, 3 Kirwan Hospital for Women, Townsville, 2007*

[35]*Nicolino, F. et Veillerette, F.* Pesticides, révélations sur un scandale français. *Fayard, 2007, 384 p.*

[36]*Carlsen, E., Giwercman, A., Keiding N. et Skakkebaek, N.* Evidence for decreasing quality of semen during past 50 years. *British Medical Journal, 305, 1992, p. 609-613*

[37]*http://www.ocfp.on.ca/English/OCFP/Communications/CurrentIssues/Pesticides/default.asp?s=1*

[38]*http://fapel.org/*

[39]*http://www.rappel.qc.ca*

[40]Le Sauteur, *1999*

TEXT-DEPENDENT QUESTIONS

1. Why should fentanyl addicts complete detox before they start rehab?
2. Why do you think that addiction and recovery specialists started using the term "substance misuse" instead of "substance abuse?"
3. How can family members and friends support a person in recovery from fentanyl addiction?

RESEARCH PROJECT

Recovery and intervention professionals say that family members are crucial to helping someone enter rehab for fentanyl or other opioid addiction. Using the internet, research intervention programs and learn some of the common mistakes that well-meaning family members make that could prolong someone's addiction. Write a one page report about things that family members and friends can say or do to encourage a successful intervention and recovery. List your sources at the end of the paper.

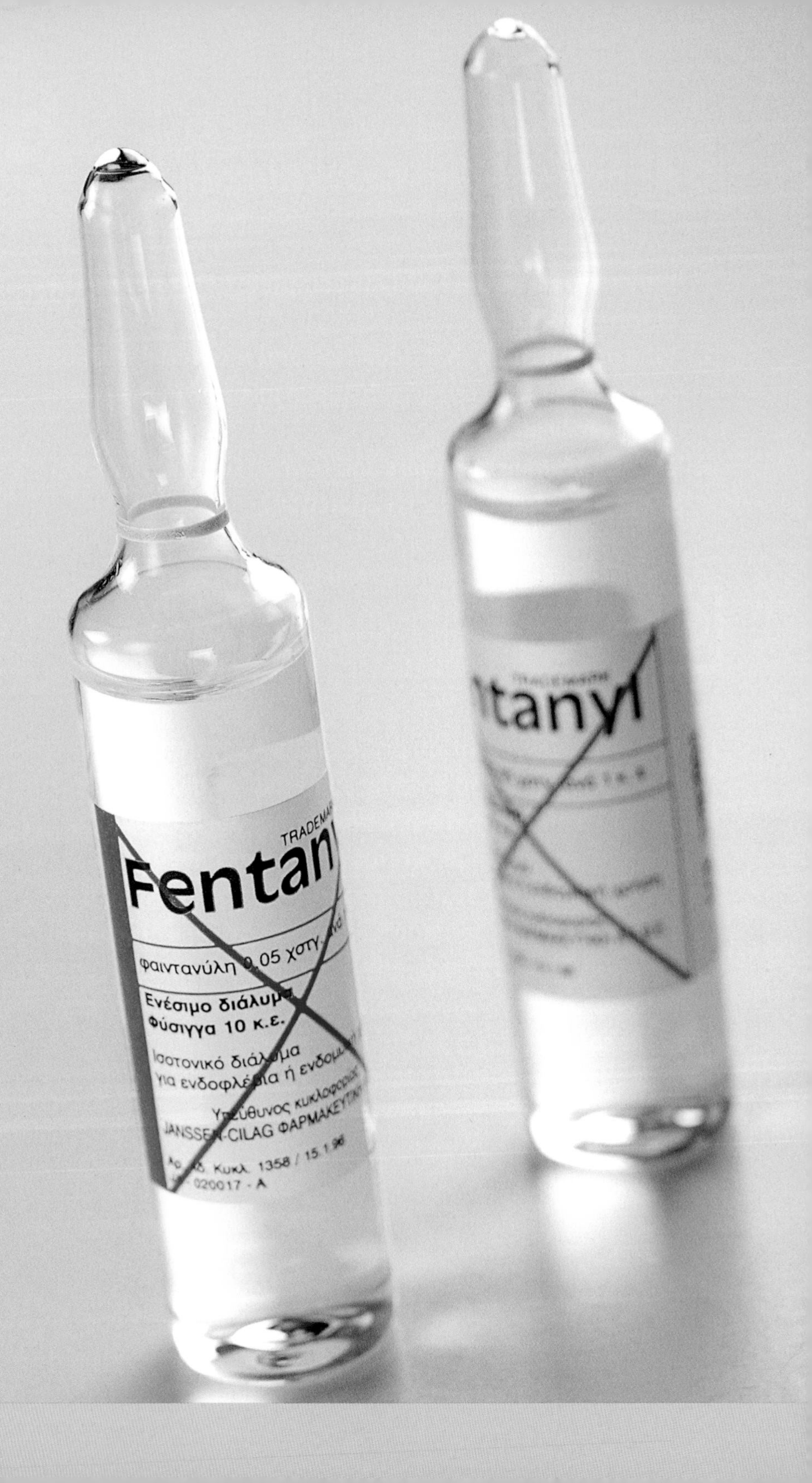
φαιντανύλη 0,05 χστγ.
Φύσιγγα 10 κ.ε.
Ισοτονικό διάλυμα
020017 - A

CHAPTER NOTES

CHAPTER 1

p. 7: "Fentanyl probably killed half ..." Scott Adams, "My Stepson Died of an Opioid Overdose," Dilbert Blog (October 17, 2018). https://blog.dilbert.com/2018/10/17/my-stepson-died-of-an-opioid-overdose/

p. 9: "many, many times more potent ..." Dr. Michael Hooten, quoted in Dana Sparks, "Mayo Clinic Minute: Benefits, Dangers of Fentanyl," The Mayo Clinic (May 22, 2018). https://newsnetwork.mayoclinic.org/discussion/mayo-clinic-minute-benefits-dangers-of-fentanyl/

p. 11: "the majority of my patients are..." Dr. Scott Bienenfeld, quoted in David Browne, "Music's Fentanyl Crisis: Inside the Drug that Killed Prince and Tom Petty," *Rolling Stone* (June 20, 2018). https://www.rollingstone.com/music/music-features/musics-fentanyl-crisis-inside-the-drug-that-killed-prince-and-tom-petty-666019/

p. 21: "It must be good ..." David Harek, quoted in Connie Fossie, "Death By Fentanyl," *Fusion* (2018). http://interactive.fusion.net/death-by-fentanyl/the-lucrative-lifesaver.html

CHAPTER 2

p. 26: "What's new?" Paul Janssen, quoted in John Rennie, "Paul Janssen," website of the Dr. Paul Janssen Award for Biomedical Research, Johnson & Johnson (2016). https://www.pauljanssenaward.com/blogs/paul-janssen

p. 32: "IMF is often mixed with heroin ..." Centers for Disease Control and Prevention. "Synthetic Opioid Overdose Data." (December 19, 2018). *Opioid Overdose*. https://www.cdc.gov/drugoverdose/data/fentanyl.html

p. 34: "As overdose deaths involving heroin ..." Thomas Frieden, quoted in Abi Millar, "Fentanyl: Where Did it all Go Wrong?" *Pharmaceutical Technology* (February 28, 2018). https://www.pharmaceutical-technology.com/features/fentanyl-go-wrong/

p. 35: "This is horrifying ..." Yan Xiaobing, quoted in Esmé E Deprez, Li Hui, and Ken Wills, "Deadly Chinese Fentanyl Is Creating a New Era of Drug Kingpins," Bloomberg News (May 22, 2018). https://www.bloomberg.com/news/features/2018-05-22/deadly-chinese-fentanyl-is-creating-a-new-era-of-drug-kingpins

p. 38: "If we're talking about ..." Jon Zibbell, quoted in Josh Katz and Margot Sanger-Katz, "'The Numbers Are So Staggering.' Overdose Deaths Set a Record Last Year," *New York Times* (November 28, 2018). https://www.nytimes.com/interactive/2018/11/29/upshot/fentanyl-drug-overdose-deaths.html

CHAPTER 3

p. 48: "If after two hours ..." Christian Lüscher, quoted in Pernille Mette Damsgaard, "Mice experiments explain how addiction changes our brains," *ScienceNordic* (August 28, 2016). http://sciencenordic.com/mice-experiments-explain-how-addiction-changes-our-brains

p. 50: "Taking fentanyl on the streets ..." Lisa Bishop, quoted in Glenn Payette, "Fentanyl: Here's How it Kills You," *CBC News* (August 31, 2017). https://www.cbc.ca/news/canada/newfoundland-labrador/fentanyl-death-opioid-drugs-high-extreme-naloxone-1.4243787

CHAPTER 4

p. 59: "The medicine was no longer serving the pain ..." Michael Wolman interview, University Health Network Toronto (June 13, 2016). https://www.youtube.com/watch?v=T9yd1ehF6kU

p. 68: "Young people also may look ..." Brian Denham, quoted in Mary Elizabeth Dallas, "Abuse of Prescription Painkillers on the Rise Among High School Athletes: Survey," HealthDay News (August 4, 2014). https://consumer.healthday.com/general-health-information-16/drug-abuse-news-210/abuse-of-prescription-painkillers-on-the-rise-among-high-school-athletes-survey-690253.html

CHAPTER 5

p. 73: "I have a lot of self-image issues ..." "Know the Truth: Rebekkah's Story," The Truth Initiative (October 22, 2018). https://youtu.be/8IR12fx7CKA

p. 75: "We strive to pick subjects ..." Jeff Weaver, quoted in Jethro Nedegog, "Here's Why Reality Show *Intervention* Has a Higher Success Rate than Most Rehab Programs," *Business Insider* (August 30, 2015). https://www.businessinsider.com/ae-intervention-success-rate-data-2015-8

p. 75: "Intervention is for the family ..." Family First Intervention, "What Are Our Intervention Success Rates?" (January 2019). https://family-intervention.com/resources/success-rates/

SERIES GLOSSARY OF KEY TERMS

abstinence—to refrain from alcohol or drug use.

analgesic—any member of a class of drugs used to achieve analgesia, or relief from pain.

antagonist—a substance that counteracts the effects of another drug, by interacting with receptors in the brain to prevent drugs from activating the receptor and causing physical or psychological effects.

cardiovascular system—the system consisting of the heart and blood vessels. It delivers nutrients and oxygen to all cells in the body.

central nervous system—the system consisting of the nerves in the brain and spinal cord. These are greatly affected by opiates and opioids.

cerebellum—a part of the brain that helps regulate posture, balance, and coordination. It is also involved in the processes of emotion, motivation, memory, and thought.

chronic condition—a medical condition that persists for a long time (at least three months or more).

craving—an intense desire for a substance, also called "psychological dependence."

dependence—a situation that occurs when opiates or opioids are used so much that the user's body adapts to the drug and only functions normally when the drug is present. When the user attempts to stop using the drug, a physiologic reaction known as withdrawal syndrome occurs.

detoxification—medical treatment of a drug addict or alcoholic, intended to rid the patient's bloodstream of the psychoactive substance. The addict is usually required to abstain from the drug or alcohol. Also known as "detox," or "managed withdrawal."

dopamine—a brain chemical, classified as a neurotransmitter, found in regions of the brain that regulate movement, emotion, motivation, and reinforcement of rewarding behavior. Dopamine release in reward areas of the brain is caused by all drugs to which people can become addicted.

epidemic—a widespread occurrence of a disease or illness in a community at a particular time.

intravenous—drug delivery through insertion of a needle into a vein.

intranasal—drug delivery via inhalation through the nose.

naloxone—an antagonist that blocks opioid receptors in the brain, so that they are not activated by opioid drugs. Because it can reverse the problem of opiate intoxication, it is often used to treat overdoses of opioids, such as heroin, fentanyl, or painkillers like oxycodone or hydrocodone.

neuron—a unique type of cell found in the brain and throughout the body that specializes in the transmission and processing of information. Also called a "nerve cell." opiates—a drug that is derived directly from the poppy plant, such as opium, heroin, morphine, and codeine.

opioids—synthetic drugs that affect the body in a similar way as opiate drugs. The opioids include oxycodone, hydrocodone, fentanyl, and methadone.

overdose—the use of any drug in such an amount that serious physical or mental effects occur, including permanent brain damage, coma, or death. The lethal dose of a particular drug can varies depending on the strength of the drug as well as the individual who is taking it.

relapse—a return to drug use or drinking after a period of abstinence, often accompanied by a recurrence of drug dependence.

self-medication—the use of a drug to lessen the negative effects of stress, anxiety, or other mental disorders without the guidance of a health care provider. Self-medication may lead to addiction and other drug-related problems.

withdrawal—a syndrome of often painful physical and psychological symptoms that occurs when someone stops using an addictive drug, such as an opiate or opioid. Often, the drug user will begin taking the drug again to avoid withdrawal.

FURTHER READING

Hari, Johann. *Chasing the Scream: The First and Last Days of the War on Drugs*. New York: Bloomsbury, 2015.

Krosockzka, Jarrett. *Hey Kiddo*. New York: Scholastic Graphix, 2018.

McGinnis, Mindy. *Heroine*. New York: Katherine Tegen Books, 2019.

Macy, Beth. *Dopesick: Dealers, Doctors, and the Drug Company that Addicted America*. Boston: Little, Brown and Co., 2018.

Mennear, Sylvia Abolis. *Shattered Dreams and Broken Hearts: Fentanyl the Killer*. Seattle, WA: CreateSpace, 2018.

The New York Times Company. *The Opioid Epidemic: Tracking A Crisis*. New York: New York Times Educational Publishing, 2018.

Quinones, Sam. *Dreamland: The True Tale of America's Opiate Epidemic*. New York: Bloomsbury Press, 2015.

Uhl, Xina M. *Who Is Using Opioids and Opiates?* Philadelphia: Mason Crest, 2018.

INTERNET RESOURCES

https://www.drugfreeworld.org/
The website of the not-for-profit organization Foundation for a Drug-Free World provides information about fentanyl, as well as blogs, e-courses, and free fact booklets.

https://www.justthinktwice.gov
The Drug Enforcement Agency (DEA) provides "Just Think Twice" as a resource to teach teenagers the facts about drugs.

https://teens.drugabuse.gov
The website of the National Institute on Drug Abuse for Teens includes facts, videos, games, a blog, and in-depth information about drug abuse.

https://www.teenchallengeusa.com
The website for the international teen drug and alcohol addiction organization Teen Challenge includes information about the dangers of fentanyl.

https://www.drugabuse.gov
The mission of the National Institute of Drug Abuse is to educate the public on the causes and consequences of drug use and addiction, and to apply that knowledge to improve individual lives as well as public health.

www.dea.gov/druginfo/factsheets.shtml
The Drug Enforcement Administration (DEA) maintains fact sheets on opioids like fentanyl, oxycodone, heroin, and other drugs of concern.

www.cdc.gov/drugoverdose/prescribing/patients.html
The Centers for Disease Control maintains a webpage with helpful information about opioids like heroin, as well as the dangers associated with them.

INDEX

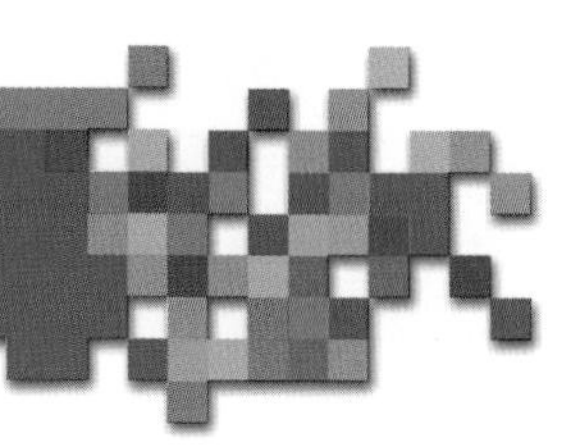

INDEX

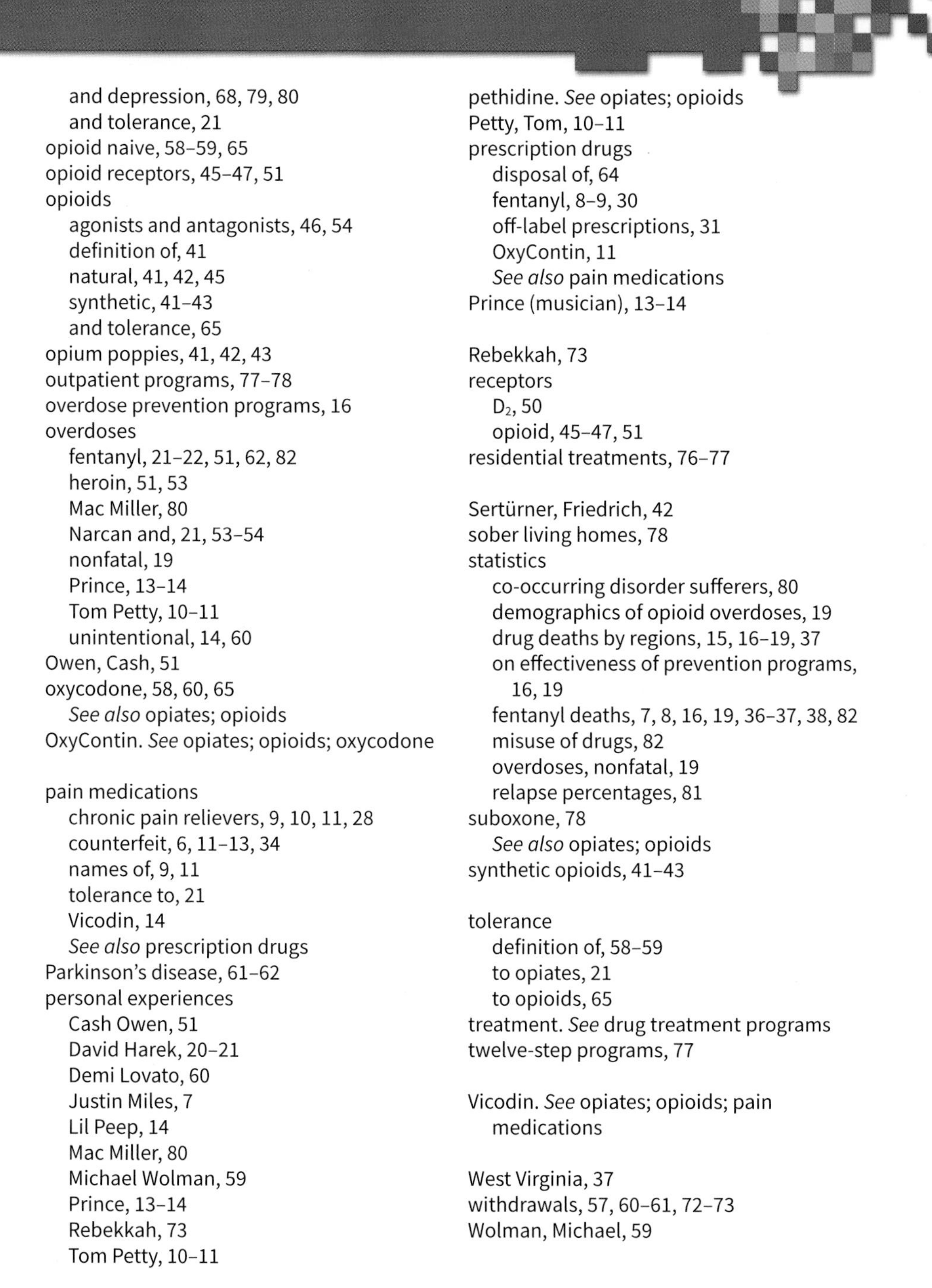

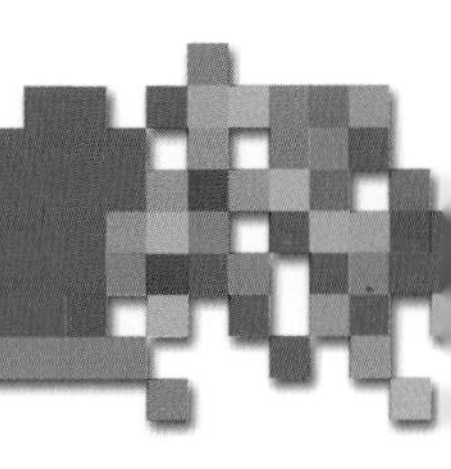

AUTHOR'S BIOGRAPHY

Amy Sterling Casil has an MFA from Chapman University and a bachelor's degree in Studio Art and Literature from Scripps College. She teaches at Saddleback College in Mission Viejo and Palomar College in San Marcos in Southern California and has published more than 26 books for school classrooms and libraries, as well as award-winning fiction.

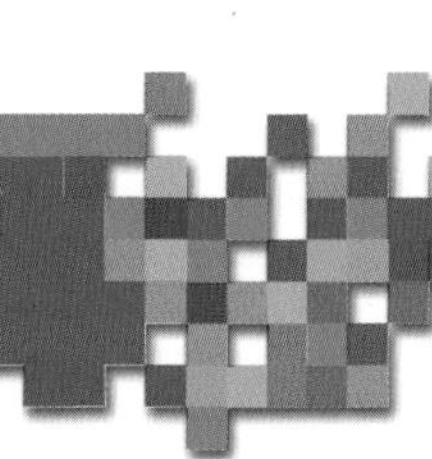

CREDITS

DEA Photo: 6, 12, 33, 34, 40, 52, 56, 66, 68, 82; ICE Photo: 37; National Center for Health Statistics: 15, 18; © OTTN Publishing: 44; used under license from Shutterstock, Inc.: 43, 46, 62, 70, 76, 92; Ajisai13 / Shutterstock.com: 63; Kimberly Boyles / Shutterstock.com: 17; Jack Fordyce / Shutterstock.com: 80; www.hollandfoto.net / Shutterstock.com: 27; Hurricane Hank / Shutterstock.com: 14; Iris Hanking / Shutterstock.com: 28; Jes2u.photo / Shutterstock.com: 24; Katz / Shutterstock.com: 72; Tomas Nevesely / Shutterstock.com: 53; Pure Radiance Photo / Shutterstock.com: 8, 78; Vangelis Vassalakis / Shutterstock.com: 84; Steve White Photos / Shutterstock.com: 10; Debby Wong / Shutterstock.com: 60; Wikimedia Commons: 31, 36.